BIBLIOTHÈQUE DE LA FACULTÉ DES LETTRES DE LYON
TOME VII

MÉLANGES CAROLINGIENS

PAR

BARDOT, POUZET ET BREYTON

AGRÉGÉS D'HISTOIRE

ANCIENS ÉLÈVES DE LA FACULTÉ DES LETTRES

PRÉFACE

PAR CH. BAYET

PROFESSEUR D'HISTOIRE ET ARCHÉOLOGIE DU MOYEN AGE

PARIS
ERNEST LEROUX, ÉDITEUR
28, RUE BONAPARTE, 28

1890

ANNUAIRE

DE LA FACULTÉ DES LETTRES DE LYON

3 VOL. 1883-1885

1re Année. (Fasc. I) : BERLIOUX : *Les Atlantes;* BAYET : *La Récolte des Romains en 799;* L. CLÉDAT : *La Chronique de Salimbene.* — (Fasc. II) : PAUL REGNAUD : *Stances sanskrites inédites;* E. BELOT : *Pasitele et Colotès;* PH. SOUPÉ : *Corneille Agrippa;* L. CLÉDAT : *Études de philologie française;* G. HEINRICH : *Herder orateur.* — (Fasc. III) : FERRAZ : *Étude sur la philosophie de la littérature;* REGNAUD : *Remarques sur l'étymologie et le sens primitif du mot* Θεος.

2e Année. (Fasc. I) : E. LEFÉBURE : *Sur l'ancienneté du cheval en Egypte;* CH. BAYET : *La fausse donation de Constantin;* L. CLÉDAT : *Lyon au commencement du XVe siècle;* E. BELOT : *Nantucket;* A. BREYTON : *La bataille de Cannes;* L. FONTAINE : *Note sur un opuscule soi-disant inédit de J.-J. Rousseau.* — (Fasc. II) : P. REGNAUD : *Stances sanskrites inédites;* — *Études phonétiques et morphologiques;* L. CLÉDAT : *La flexion dans la traduction française des sermons de saint Bernard;* F. BRUNOT : *Le valet de deux maîtres;* L. FONTAINE : *J.-J. Rousseau,* ses idées sur l'éducation avant l'*Émile.* — (Fasc. III) : M. FERRAZ : *Étude sur la philosophie de la littérature* (suite); A. BERTRAND : *La psychologie extérieure;* P. REGNAUD : *Mélanges.*

3e Année. (Fasc. I) : G. BLOCH : *Remarques à propos de la carrière d'Afranius Burrhus;* E. BELOT : *De la révolution économique et monétaire;* L. CLÉDAT : *La Chronique de Salimbene* (parties inédites). — (Fasc. II) : P. REGNAUD : *Stances sanskrites inédites;* G. LAFAYE : *Discours d'ouverture;* G. BIZOS : *Essai sur l'apparition du mélodrame en France;* P. REGNAUD : *Mélanges philologiques;* GRANDJEAN : *Tableaux comparatifs des principales modifications phonétiques que présentent les infinitifs des verbes faibles dans les dialectes germaniques.* — (Fasc. III) : L. ARLOING : *Dissociation et association nouvelle des mouvements instinctifs sous l'in-*

fluence de la volonté; A. Bertrand : *Un discours inédit de André-Marie Ampère*; A. Bertrand : *La psychophysiologie au XVII° siècle*; R. Thamin : *Le livre de M. Bain sur l'éducation*; A. Hannequin : *Leçon d'ouverture d'un cours sur la philosophie des sciences*; P. Regnaud : *Sur l'origine de quelques mots sanskrits qui désignent l'homme et l'humanité*; P. Regnaud : *Nouvelles remarques sur l'évolution des idées*; J. Minard : *Contributions à la théorie des hallucinations.*

BIBLIOTHÈQUE

DE

LA FACULTÉ DES LETTRES DE LYON [1]

TOME I. — **Neuchâtel et la politique prussienne en Franche-Comté** (1702-1713), d'après les documents inédits des archives de Paris, Berlin et Neuchâtel, par Emile Bourgeois, chargé de cours d'histoire à la Faculté des Lettres de Lyon (1887). In-8 avec carte.............. 5 fr.

TOME II. — **Science et psychologie,** *nouvelles œuvres inédites de Maine de Biran*, publiées avec une introduction par Alexis Bertrand, professeur de philosophie à la Faculté des Lettres de Lyon (1887). In-8 avec fac-simile Prix.. 5 fr.

TOME III. — **La Chanson de Roland,** traduction archaïque et rythmée, par Léon Clédat, professeur de langue et de littérature française du moyen-âge à la Faculté des Lettres de Lyon (1887). In-8 .... 5 fr.

TOME IV. — **Le Nouveau Testament,** traduit au XIII° s., en langue provençale, suivi d'un rituel cathare, reproduction photolithographique du *Manuscrit de Lyon*, publiée avec une nouvelle édition du rituel par L. Clédat, professeur à la Faculté des Lettres de Lyon (1888). In-8.... 30 fr.

TOME V. — **Mélanges grecs,** par Ch. Cucuel et F. Allègre, maîtres de Conférences à la Faculté des Lettres de Lyon : *Œuvres complètes de l'orateur Antiphon* (traduction). — *Une scène des Grenouilles d'Aristophane* (1888). In-8.. 3 fr.

TOME VI. — **Mélanges de philologie Indo-Européenne,** par Paul Regnaud, professeur de sanskrit et de grammaire comparée, Grosset et Grandjean, étudiants à la Faculté des Lettres de Lyon (1888). In-8.. 5 fr.

---

(1) Cette collection fait suite à l'**Annuaire,** que la Faculté des Lettres de Lyon a publié de 1883 à 1885, sous forme de fascicules d'histoire, de littérature et de philosophie. (Ernest Leroux, éditeur). Elle se termine en 1890 par le tome XIV, ou plutôt se fond, à partir de cette date, dans la collection plus générale des Annales de l'Université de Lyon.

TOME VII. — **Mélanges carolingiens,** par BARDOT, POUZET et BLEYTON, anciens élèves de la Faculté des Lettres, avec préface de M. BAYET... 5 fr.

TOME VIII. — **Zaïre** tragédie de **Voltaire,** édition critique préparée, sous la direction de M. LÉON FONTAINE, professeur de littérature française à la Faculté des Lettres, par MM. LÉGER, FRÉJAFON, COUYBA, étudiants de la Faculté.. 4 fr.

TOME IX. — **L'acquisition de la Couronne royale de Prusse par les Hohenzollern,** par ALBERT WADDINGTON, maître de conférences d'histoire à la Faculté des Lettres (1888). In-8.................. 7 fr. 50

TOMES X-XI-XII. — **Histoire de la littérature allemande,** par HEINRICH, ancien doyen de la Faculté des Lettres de Lyon, professeur de littérature étrangère (2e édition). Ouvrage couronné par l'Académie Française. Chaque volume.. 7 fr. 50

TOME XIII. — **Les géographes allemands de la Renaissance,** par L. GALLOIS, chargé de cours à la Faculté des Lettres de Lyon. 1890, in-8.. 8 fr.

TOME XIV. — **Étude sur la Déesse grecque Tyché,** sa signification religieuse et morale, son culte et ses représentations figurées, par F. ALLÈGRE, maître de conférences à la Faculté des Lettres de Lyon, docteur ès-lettres, 1889, in-8.

(EBERT A.)

Histoire générale de la littérature du moyen-âge en Occident, traduite de l'allemand, par J. AYMERIC et J. CONDAMIN, 3 vol. in-8.. 30 fr.

CURTIUS, DROYSEN, HERTZBERG

HISTOIRE GRECQUE

Traduite en français sous la direction de M. A. BOUCHÉ-LECLERCQ, professeur à la Faculté des Lettres de Paris.

Ouvrage couronné par l'Académie Française et par l'Association pour l'Encouragement de Études Grecques.

Douze volumes in-8, dont un Atlas. Les 12 volumes pris ensemble... 100 fr.

Le Puy, imp. Marchesson fils, boulevard Saint-Laurent, 23.

BIBLIOTHÈQUE

DE LA

FACULTÉ DES LETTRES DE LYON

TOME SEPTIÈME

BIBLIOTHÈQUE DE LA FACULTÉ DES LETTRES DE LYON
TOME VII

MÉLANGES CAROLINGIENS

PAR

BARDOT, POUZET ET BREYTON

AGRÉGÉS D'HISTOIRE
ANCIENS ÉLÈVES DE LA FACULTÉ DES LETTRES

PRÉFACE

PAR CH. BAYET

PROFESSEUR D'HISTOIRE ET ARCHÉOLOGIE DU MOYEN AGE

PARIS
ERNEST LEROUX, ÉDITEUR
28, RUE BONAPARTE, 28

1890

PRÉFACE

L'étude de la période carolingienne a été, dans ces dernières années, assez négligée en France [1], il semble même qu'on se soit déshabitué d'y voir une partie de notre histoire nationale et qu'on l'ait en quelque sorte cédée à la science étrangère : en Allemagne, au contraire, les ouvrages sur cette époque se sont multipliés; il suffira de rappeler les noms de Waitz, Sickel, Simson, Dümmler, etc. Dans les conférences pratiques, dont je suis chargé à l'Université de Lyon, j'ai cherché à réagir contre cette tendance et à fixer l'attention des étudiants sur ces siècles si riches en faits de tout ordre; souvent j'ai donné des sujets de travaux qui s'y rapportaient. Parmi ceux qui m'ont été remis, j'ai pensé qu'il ne serait pas sans intérêt d'en faire connaître quelques-uns; je les présente au public tels qu'ils ont été écrits, sans retouches indiscrètes du maître : ceux qui les ont composés étaient des étudiants de licence ou d'agréga-

1. Il faut excepter cependant l'excellent livre de M. Bourgeois sur *Le Capitulaire de Kiery*.

tion, c'est-à-dire de modestes apprentis en histoire : ils ont donc droit à cette bienveillance que les vrais savants ne refusent point à des débutants. Depuis, ils ont fait leur chemin, ils sont agrégés, professeurs ; ils préparent des livres où ils seront tenus de donner leurs preuves de maîtrise. Le véritable mérite de ces essais me paraît être d'attester une lecture personnelle et réfléchie des textes, de montrer qu'on travaille dans nos Universités, que des jeunes gens s'y forment aux recherches méthodiques et critiques, et qu'enfin les efforts qui ont été faits pour développer l'enseignement supérieur historique portent quelques fruits.

Le mémoire de M. Bardot a pour objet de défendre la bonne foi de Richer [1] : les ch. 22-24 du l. Ier, où il fait intervenir Henri Ier de Germanie, lui ont valu de terribles assauts. On a prétendu que, par vanité nationale, il avait sciemment faussé l'histoire afin de représenter le roi germanique comme vassal du roi de France. M. Bardot a voulu montrer que l'erreur de Richer ne cachait pas tant de noirceur. Si, dans une nouvelle rédaction, il a mis Henri Ier à la place qu'occupait Gislebert de Lorraine dans la première, il l'a fait dans la candeur de son âme et pour rétablir dans l'enchaînement des événements dont il parlait la continuité qui lui semblait y manquer. Mais, en outre, ce passage de Richer s'explique tout naturellement par les idées de son temps : le prestige de la dynastie carolingienne survivait encore, Charles le Simple en était alors le représentant officiel, il était en théorie souverain de tous les pays qui avaient fait partie de l'empire de Charlemagne, il occupait le rang que peu de temps auparavant les chroniqueurs attribuaient à Arnulf de Germanie. La vanité nationale n'a donc rien à voir ici. Richer raisonne, écrit en partisan fidèle de la mai-

1. Par suite de nécessités typographiques, on n'a pas suivi, à mon vif regret, dans l'impression de ces mémoires, l'ordre chronologique.

son carolingienne. L'étude de M. Bardot est comme un chapitre détaché d'une histoire des théories politiques du IXe et du Xe siècles.

La succession de Charlemagne et les partages antérieurs au traité de Verdun ont été étudiés dans bien des ouvrages généraux; peut-être ne s'est-on pas encore assez préoccupé de comparer les uns aux autres les actes qui règlent ces partages. C'est ce que M. Pouzet a voulu faire. Déjà, dans le premier de ces actes, celui de 806, il a signalé l'influence de conventions entre rois mérovingiens ; il a montré quelle place y tiennent ces idées de paix, de concorde, qui reparaîtront sans cesse dans les documents de ce genre et qui seront comme la base sur laquelle on cherchera à édifier tout un système politique. Dans les actes ultérieurs, dans la division de 817, puis dans celles de 831, de 839, il relève des analogies avec le règlement de 806 qui paraît ainsi avoir été adopté comme un modèle de chancellerie, alors même qu'on s'en écartait sur des points essentiels. Enfin l'auteur a montré quels principes politiques étaient en question dans ces luttes et étudié le caractère du traité de Verdun.

M. Breyton prépare une thèse de doctorat sur l'histoire et l'organisation du royaume franco-lombard, qui n'ont point été de notre temps l'objet d'une monographie sérieuse. Il y a été conduit par un travail d'étudiant dont il a reproduit ici une partie. Dans cette étude préparatoire, il s'est proposé de montrer que la conquête si rapide de la Lombardie en 774 s'explique par l'histoire antérieure des Lombards, par la faiblesse chez eux du pouvoir royal, par la situation des principaux ducs : c'est ainsi que Charlemagne a pu s'emparer facilement du pays et qu'il n'a pas eu à combattre d'insurrections générales.

Bien des points sont encore obscurs dans l'histoire politique du VIIIe, du IXe et du Xe siècle. Il serait à souhaiter que, par des dissertations bien choisies, on pût, dans nos Universités, préparer la solution de quelques problèmes, éveiller quelques vocations. Je serais heureux que l'Université de Lyon eût, en cette occasion, prêché d'exemple.

REMARQUES

SUR UN PASSAGE DE RICHER

Richer a trouvé chez les historiens allemands des juges sévères, qui lui ont fait depuis longtemps son procès. Ils ne se sont pas contentés de relever une à une toutes ses inexactitudes, et Dieu sait s'il y en a dans Richer [1] ! ils lui ont adressé un reproche plus général et plus grave : ils ont attribué une bonne partie de ses erreurs à son patriotisme exagéré et à sa « folle vanité nationale » ; ils l'ont accusé de mauvaise foi et de supercherie. Après eux, les historiens français ont accepté, sans les discuter, et le réquisitoire et la condamnation.

Mais la rancune des savants d'Outre-Rhin contre Richer vient peut-être aussi — à leur insu, j'aime à le croire — de leur « vanité nationale » froissée par certain passage de son histoire. Richer raconte comment l'archevêque de Reims, Hervé, délivra le roi Charles le Simple, dont les seigneurs rebelles s'étaient emparés par surprise [2]. Dans sa première

1. Ni plus ni moins, d'ailleurs, que dans la plupart des chroniqueurs ou annalistes du temps. Les historiens allemands, si sévères pour Richer, admettent, en général, sans les discuter, les assertions de l'annaliste de Fulde contre Charles le Chauve ; et cependant cet annaliste est loin d'être un modèle d'exactitude et d'impartialité.

2. Richer, I, 22.

rédaction, il terminait ainsi son récit : « *Rex* (Charles le Simple)............. *per Heriveum metropolitanum, Gislebertum ducem, qui in Belgica*[1] *omnibus præerat, accersit. Hic enim ab Heinrico*[2] *persuasus, ab rege discesserat.* » Mais en revisant son texte, il remplaça *Gislebertus* par *Heinricus*, *Belgica* par *Saxonia* et *Heinricus* par *Rotbertus*[3]. De même, dans les deux lettres imaginaires qu'il fait écrire par Hervé à Henri de Saxe, et par Henri à l'archevêque[4], partout où d'abord il avait écrit *Gislebertus, Belgica, Belgici*, il corrigea et écrivit *Heinricus, Germania, Germani.*

C'est pour avoir fait cette substitution de noms, que Richer s'est attiré les censures les plus rigoureuses des critiques allemands. Pertz dit de lui[5] : « Quand il retouche son ouvrage, et qu'il en arrive à la partie du premier livre où il s'agit des rapports de Charles avec les Belges et leur duc Gislebert, il ne rougit pas d'altérer son texte, en mettant Germanie au lieu de Belgique, et Henri au lieu de Gislebert ; ce qui ferait croire, d'après lui, que la Germanie était sujette de Charles. » M. Wattenbach est encore plus amer en ses reproches[6] : « Il va même si loin, dit-il de Richer, qu'il altère son propre ouvrage, pour satisfaire une maladive vanité nationale (*eine krankhafte nationale Eitelkeit*)[7]. Son manuscrit nous montre comment, dans son premier livre, il a corrigé ce qu'il avait d'abord écrit, pour nous représenter comme soumis au roi des Francs occidentaux, le roi Henri et les Germains, au lieu de Gislebert et des Lorrains. »

Les historiens français sont presque aussi sévères. M. Gua-

1. C'est-à-dire en Lorraine, Richer identifie les deux termes.
2. Henri de Saxe, roi de Germanie en 919.
3. Robert, duc de Neustrie.
4. Richer, I, 23, 24.
5. Édition de Richer, *in usum scholarum*. Introduction.
6. Wattenbach, *Deutschlands Geschichtquellen*, t. I, p. 383, 5e édit.
7. Pareille expression me semble un anachronisme : Richer, comme ses contemporains, pouvait avoir de l'attachement pour telle ou telle personne, telle ou telle famille ; mais qu'il ait eu le sentiment d'une nationalité française opposée à une nationalité allemande, c'est ce qui me paraît fort douteux.

det [1] qualifie les corrections de Richer « d'infidélités sans excuses », que Pertz « a eu raison de relever avec sévérité ». M. Monod enfin [2], après avoir reproché à Richer « d'altérer la vérité historique », ajoute : « Voulant faire croire que les Carolingiens avaient un droit de suzeraineté sur la Germanie, il représente le roi Henri comme un simple duc de Saxe, et, pour en faire un vassal de Charles le Simple, il remplace par son nom, lors de la revision de ces deux premiers livres, le nom de Gislebert, dans plusieurs passages où le duc de Lorraine était mentionné, conformément à Flodoard. »

Il me semble pourtant qu'on se hâte un peu trop de condamner Richer. On l'accuse d'insigne mauvaise foi et d'imposture manifeste : mais s'il a fait les substitutions de noms dont il s'agit, est-on bien sûr que ce fût avec l'intention de satisfaire sa vanité nationale, et d'abuser, de parti pris, ses futurs lecteurs, sur les relations véritables de Charles le Simple et d'Henri de Germanie. Je suis persuadé, au contraire, que Richer a eu de tout autres raisons de faire à son texte primitif les corrections incriminées. Ce sont ces raisons que je m'efforcerai de retrouver, d'abord en étudiant la suite même de son récit, puis en examinant certaines théories politiques en cours aux IXe et Xe siècles.

Reprenons donc d'un peu plus haut le récit des événements. Richer, on le sait, dans toute la première partie de son ouvrage (919-966), suit plus ou moins exactement la chronique de Flodoard. Il brode, il est vrai, sur le texte du chroniqueur, amplifie ses récits souvent trop secs, en résume d'autres trop diffus, intervertit l'ordre chronologique des faits, sous prétexte de les enchaîner logiquement, mais n'en emprunte pas moins à Flodoard le fond même de son récit.

Flodoard, à l'année 920, mentionne brièvement une entrevue, à Worms, entre Charles le Simple et Henri « d'Outre-

1. Guadet, édition de Richer avec traduction française. Introduction, p. 32.
2. Monod, *Études sur l'Histoire de Hugues Capet* (Revue historique, juillet-août 1885, p. 259)

Rhin [1] »; mais sans nous dire quels en furent et l'objet et l'issue [2]. Richer ne se contente pas de cette simple mention : il nous montre [3] comment cette entrevue, où les deux princes devaient se lier d'amitié, fut au contraire l'origine de la guerre, chacun d'eux se croyant trahi par l'autre.

Au début de la même année 920, Flodoard raconte le fait suivant : « Presque tous les comtes français abandonnèrent leur roi Charles, près de Soissons, parce qu'il ne voulait pas renoncer à son conseiller Haganon, que, de condition médiocre, il avait rendu puissant. Hervé, archevêque de Reims, reçut le roi lorsque tous l'avaient délaissé .... Il le garda ainsi presque sept mois, jusqu'à ce qu'il eût ramené les grands à lui et lui au royaume [4]. » Ce récit assez bref devient, chez Richer, matière à vastes développements [5]. Il montre le duc Robert, intriguant auprès de tous les grands du royaume pour les détacher du roi, et envoyant des messagers à Henri « d'Outre Rhin », qu'il sait brouillé avec Charles depuis l'entrevue de Worms, pour s'assurer de son concours. Il raconte ensuite [6], avec force détails, le complot des grands pour s'emparer de Charles, par surprise, et la délivrance de celui-ci par l'archevêque Hervé.

Toujours à la même année 920, Flodoard nous parle de Gislebert, « que plusieurs Lorrains, abandonnant la cause du roi Charles, avaient choisi pour roi »; puis nous montre, quelques lignes plus bas, « Gislebert et les Lorrains revenus à l'obéissance » [7]. C'est là le thème du récit de Richer dans

1. C'est la seule qualification que lui donne presque constamment Flodoard et après lui Richer.

2. Flodoard, *Chron.* a. 920.— L'expression de Flodoard est en définitive équivoque; il parle de Charles le Simple « *qui tunc morabatur in pago Wormacensi sedens contra Heinricum principem Transrhenensem.* » Faut-il prendre *contra* dans le sens d'hostilité ou d'entrevue? La question me paraît indécise : du moins est-ce le dernier sens qu'a adopté Richer.

3. Richer, I, 20

4. Flod. *Chron.* a. 920.

5. Richer, I, 21.

6. Richer, I, 22.

7. Flod. *Chron.* a. 920.

sa première rédaction [1] : Henri « d'Outre-Rhin » est en hostilité avec Charles le Simple depuis l'entrevue de Worms; ses intrigues réussissent à détacher Gislebert de la fidélité qu'il doit au roi; mais, par l'influence de l'archevêque Hervé, Gislebert fait sa soumission et rentre en grâce.

D'autre part, il est vrai, à l'année 921, Flodoard nous parle d'une trêve, puis d'une paix conclue entre Charles le Simple et Henri [2]. Enfin Richer, dans une autre partie de son premier livre [3], reprend et développe le même thème que dans les chapitres 22, 23, 24 (première rédaction), à savoir les démêlés de Gislebert avec Charles le Simple, la tentative du du premier pour se rendre indépendant, sa défaite et sa soumission [4].

En relisant son récit, Richer dut s'apercevoir qu'il manquait de logique et de suite dans les idées : il faisait naître, entre Charles et Henri, à l'entrevue de Worms, une guerre à laquelle il ne donnait pas de conclusion, bien que Flodoard affirmât qu'il y eut paix conclue entre eux; il montrait Gislebert faisant sa soumission à Charles le Simple, à la fin d'un récit où il n'avait été précédemment question que des démêlés de ce roi avec le duc Robert et Henri de Germanie; enfin quelques chapitres plus loin, il représentait encore une fois Gislebert en guerre avec Charles le Simple, puis faisant de nouveau sa paix avec lui, et cela par les bons offices d'Henri

1. Richer, I, 22, 23, 24.

2. Sans nous dire, il est vrai, quelle fut l'origine de la guerre; car quand bien même on interpréterait le « *contra Heinricum* » dans le sens d'hostilité, cela ne nous indiquerait toujours pas la cause de cette hostilité entre Charles et Henri.

3. Richer, I, 36, 37, 38.

4. Dans ce nouveau développement, Richer confond deux passages de Flodoard : 1° le passage cité plus haut (a. 920), où il parle de la tentative de Gislebert « que plusieurs Lorrains avaient choisi pour roi à la place de Charles », puis de sa soumission ; 2° un autre passage (a. 922), où il dit que « Charles, poursuivant Gislebert et Otton, ravagea la Lorraine par les rapines, les sacrilèges et les incendies. » Ce procédé d'amalgame est assez habituel chez Richer : par exemple, des deux conciles de Laon et de Trêves, mentionnés par Flodoard (a 948), il fait un seul concile, auquel il attribue les travaux des deux précédents (V. Richer, II, 82) ; ailleurs (III 15), de deux personnages du même nom, Hugues, duc de France, et Hugues, archevêque de Reims, il fait un seul personnage, auquel il prête des actes et des paroles qui conviennent tantôt au duc et tantôt à l'evêque.

« d'outre-Rhin » qu'il avait laissé, depuis Worms, en guerre avec le roi Charles, et qu'il avait montré précédemment [1] excitant lui-même Gislebert à la révolte.

Richer, nous le verrons bientôt, pouvait considérer Henri de Germanie comme étant dans la même situation que Gislebert de Lorraine, vis-à-vis du roi des Francs occidentaux. Il remplaça donc le nom de l'un par celui de l'autre, aux chapitres 22, 23, 24, du 1er livre ; et alors son récit eut au moins le mérite d'offrir plus de suite et d'unité : Charles et Henri se brouillent à l'entrevue de Worms; Henri s'associe au complot de Robert contre Charles; mais l'archevêque Hervé, qui s'efforce de ramener des partisans au roi, écrit à Henri et le décide à une réconciliation [2].

1. Richer, I, 22.

2. D'ailleurs, si le récit de Richer, après la correction, offre plus de suite dans les idées, il ne faut pas se dissimuler que, même après cette correction, même avec l'aide de la Chronique de Flodoard, il est fort difficile d'établir les rapports chronologiques et logiques des événements de ce temps. Nous reviendrons plus loin sur leur enchaînement logique; mais dès maintenant, il nous faut essayer d'en donner la suite chronologique. Deux dates sont certaines : celle du traité de paix entre Charles et Henri, dont nous avons conservé le texte (V. Pertz, *Leges*, T. I, p. 567); et celle de sacre de Robert, donnée par Flodoard (V. Flod. *Chron.* a. 922). Le traité est du 7 novembre 921, et le sacre du 29 juin 922. Avant la première de ces deux dates, se place une première révolte de Gislebert : les quelques lignes, dans lesquelles Flodoard (*Chron.* a. 920) mentionne le fait, sont très vraisemblablement l'origine du long récit de Richer, L. I, chap. 22, 23, 24 (première rédaction). D'autre part, entre ces deux dates, se place l'expédition de Charles le Simple en Lorraine, contre Gislebert, expédition racontée par Flodoard (*Chron.* a. 922). Mais Flodoard ne mentionne pas de paix conclue, à ce moment, entre Charles et Gislebert, et nous montre, au contraire (*Chron.* ibid.), Gislebert prenant part au soulèvement général qui aboutit à l'élection de Robert, et conduisant des troupes au secours de ce dernier. C'est également entre ces deux dates qu'il faut placer le récit de Richer (I, 40, 41) sur l'alliance de Gislebert et de Robert. — Mais le récit de Richer sur les premiers démêlés de Charles et de Gislebert et sur leur traité de paix (Richer, I, 36, 37, 38), à quelle date le placer? Entre le traité de novembre 921, et le sacre de Robert de juin 922? Mais, d'après Flodoard, il n'y eut pas alors de paix conclue entre Charles et Gislebert, et ils furent, au contraire, en hostilités tout l'hiver de 921-922 (« *etiam in tempore quadragesimae sicut et tota hieme* »). Avant le traité du 7 novembre 921? Mais, avant cette date, Henri était en guerre avec Charles, il l'était au moins depuis l'entrevue de Worms en 920, et même, comme nous espérons le montrer dans la suite, depuis le début de son règne : ce n'est donc pas par la médiation d'Henri que Gislebert pouvait se réconcilier avec Charles. En réalité, comme nous l'avons dit plus haut, Richer a confondu et, pour ainsi dire, amalgamé les deux passages de Flodoard relatifs aux rapports de Gislebert de Lorraine avec le roi Charles, bien que ces deux passages

La logique même du récit rendait donc nécessaire une correction au texte primitif. Il nous reste à examiner comment la correction, telle qu'elle a été faite, peut s'expliquer par les conceptions politiques du temps; en d'autres termes, comment Richer a pu, sans parti-pris de nous tromper, considérer Henri de Germanie et Gislebert de Lorraine comme égaux, vis-à-vis du pouvoir supérieur de Charles le Simple.

Si l'on prend les écrits politiques de la fin du IXe siècle, deux principes s'en dégagent assez clairement : la transmission héréditaire de la couronne dans la famille de Charlema-

fussent de dates différentes, l'un de 920, l'autre de 922. De ces deux récits de Flodoard, qui se rapportaient à des faits différents et de dates différentes, Richer a fait un seul et même récit où il nous montre : Gislebert essayant de se rendre indépendant en Lorraine; puis Charles faisant une expédition contre lui et le forçant à se réfugier en Allemagne ; enfin les deux princes se réconciliant par l'entremise d'Henri de Germanie. En définitive c'est là un récit qui n'a pas de date, puisqu'il est composé de détails disparates et de dates différentes. Ce n'est pas là d'ailleurs la seule incohérence que nous présente ce passage de Richer : il y fait, dès ce momoment, de Gislebert le gendre d'Henri, alors qu'il n'épousa Gerberge, sa fille, qu'en 929; après sa défaite par Charles, il lui fait passer « quelques années d'exil » en Allemagne, et cependant nous le montre aussitôt après intervenant dans l'élection de Robert. Malgré tout, Richer a eu raison, au point de vue de la suite des idées, de faire les corrections incriminées aux chapitres 22, 23, 24 ; puisque ce recit, dans sa première rédaction, faisait évidemment double emploi avec le récit des chap. 36, 37 et 38. — Il me semble donc que somme toute, il faut s'en tenir au récit de Flodoard, et dire avec lui que : — 1° en 920, c'est-à-dire avant le traité de paix entre Charles et Henri, et sans qu'on puisse dire, à première vue, s'il y eut entente de Gislebert et d'Henri contre Charles, eut lieu une révolte de Gislebert contre son suzerain, révolte bientôt suivie de soumission ; — 2° en 922, aussitôt après le traité de paix entre Charles et Henri, éclata une nouvelle guerre entre Charles et Gislebert; et ce dernier, vaincu, se vengea, en favorisant l'élection de Robert. — Cette manière de voir n'est pas partagée par les auteurs allemands : Huhn (*Geschichte Lothringes*, t. I, p. 82), Giesebrecht (*Geschichte der deutschen Kaiserzeit*, t. I, 1re partie, p. 212); Waitz (*Jahrbücher des deutschen Reichs unter Kœnig Heinrich* I, a. 919 et seq). Huhn place avant le traité de Bonn (7 novembre 921) deux guerres, suivies de deux réconciliations, entre Charles et Gislebert; la première telle qu'elle est racontée par Richer aux chap. 36, 37, 38, la dexième telle qu'elle est rapportée par le même auteur aux chap. 22, 23, 24 (première rédaction); il n'admet pas ainsi les corrections faites par Richer lui-même, et ne respecte pas davantage la succession chronologique que l'ordre des chapitres, dans Richer, semblerait devoir attribuer à ces deux évènements. Giesebrecht suit la même version avec quelques divergences dans le détail du récit. Enfin Waitz, place en 919, une première guerre entre Gislebert et Charles, guerre dont il donne les détails d'après Richer (Chap. 36, 37, 38); puis en 920, une seconde guerre dont il emprunte les incidents à la fois à la chronique de Flodoard (a. 920) et aux mêmes chap. 36, 37, 38 de Richer.

gne, — le droit pour les évêques, représentants et ministres de Dieu, de déposer les mauvais rois. Le principe d'hérédité ne repose pas seulement sur le fait accompli et sur la tradition ; il est fondé sur une décision du vicaire de Dieu lui-même : le pape Étienne II, lorsqu'il est venu sacrer Pépin et ses deux fils à Saint-Denis, en 753, a prononcé l'anathème contre tous ceux qui tenteraient de lui enlever la couronne à lui ou à ses descendants. Mais Dieu qui, par la bouche du pape, a proclamé la couronne royale, chez les Francs, propriété héréditaire de la famille carolingienne, peut aussi enlever la couronne à cette famille, le jour où elle s'en montrera indigne. Dieu n'a institué les rois que pour être, ici-bas, les exécuteurs de ses volontés : il veut que les rois fassent règner la justice, maintiennent la paix, défendent l'Église, respectent ses commandements. S'il remplit tous ces devoirs, le roi assurera la perpétuité de son héritage dans sa famille : ses vertus deviendront un « appui pour sa race » une « garantie d'hérédité pour ses fils » [1]. Mais s'il se conduit injustement, s'il se livre aux violences et aux rapines, s'il persécute l'Église, il ne compromet pas seulement son propre pouvoir, il rend « inhabiles à hériter de son royaume ses fils et ses petits-fils » [2]. La couronne royale, chez les Francs, doit donc être, pour les descendants de Charlemagne, un héritage inviolable, tant qu'ils se conformeront aux commandements de Dieu et de son Église : le jour où ils seront incapables de faire exécuter ces commandements, ou se refuseront à les observer eux-mêmes, c'est aux évêques, agissant au nom de Dieu, qu'il appartiendra de leur enlever la couronne, pour la transférer à de plus dignes.

Telles sont les théories politiques dont nous allons examiner les conséquences et les applications pratiques dans quel-

1. « *Justicia regis est........ munimentum gentis...... hæreditas filiorum.* » Hincmar, Migne, *Patr. lat.* T. 125, p. 1007.

2. « *Super omnia vero regis injusticia non solum præsentis imperii faciem offuscat, sed etiam filios suos et nepotes, ne post se hæreditatem regni teneant, obscurat.* » Hincmar, *ibid.*

ques-uns des événements qui signalent la fin du IXᵉ et le début du Xᵉ siècle.

En 887, l'empereur Charles le Gros est déposé par les seigneurs allemands assemblés à Tribur [1]. Aussitôt l'empire de Charlemagne se démembre de nouveau : les Allemands élisent pour roi un Carolingien, Arnulf, fils bâtard de Carloman, l'un des frères de Charles le Gros ; mais les autres peuples de l'empire se choisissent, suivant l'expression d'un chroniqueur, « des rois tirés de leurs propres entrailles » [2]. En dehors d'Arnulfe la famille carolingienne n'est plus alors représentée que par un enfant, Charles, fils posthume de Louis le Bègue. Né en 879, Charles, qu'on surnommera plus tard le Simple, n'est âgé que de huit ans, en 887, et se trouve par conséquent trop jeune pour régner. Dans ces conditions, pour les partisans de la pure tradition carolingienne, l'empire de Charlemagne tout entier doit revenir à Arnulf : lui seul peut succéder légitimement à Charles le Gros ; et, à moins que, de son plein gré, il ne leur cède une partie de son héritage, les rois qui s'élèvent dans les autres parties de l'empire, sont des usurpateurs.

Telle est, en effet, l'opinion d'un certain nombre de chroniqueurs. L'annaliste de Fulde, par exemple, dont la partialité pour les Carolingiens, et surtout pour les Carolingiens d'Allemagne, est bien connue, s'exprime ainsi [3] : « Pendant qu'Arnulf séjournait dans la ville de Ratisbonne, plusieurs roitelets s'élevèrent en Europe et dans le royaume de Charles, son oncle (Charles le Gros) [4]. Car Bérenger, fils d'Evrard, se fit roi en Italie ; Raoul, fils de Conrad, se constitua un royaume dans la Bourgogne supérieure ; Louis, fils de Boson, et Guy, fils de Lambert, voulu-

1. Cette déposition n'est pas en contradiction avec la théorie précédente, puisque Charles le Gros, « affaibli de corps et d'esprit », disent les chroniqueurs, était devenu incapable de régner.

2. « *Unumquodque de suis visceribus regem sibi creari disponit.* » *Reginonis Chron. a.* 888.

3. *Ann. Fuld. a.* 888.

4. « *Multi reguli in Europa vel regno Karoli, sui patruelis, excrevere* ».

rent être rois dans la Gaule-Belgique et dans la Provence; enfin Eudes, fils de Robert, usurpa, pour sa part, tout le pays jusqu'à la Loire et jusqu'à l'Aquitaine [1]. » L'idée que les rois, ainsi choisis en dehors de la famille carolingienne, sont des usurpateurs, se dégage encore assez nettement du récit des Annales de Saint-Vast. « Les Francs orientaux, raconte cette chronique [2], voyant que les forces nécessaires au gouvernement de l'empire s'affaiblissaient chez l'empereur, le déposèrent, et placèrent sur le trône Arnulf, fils de Carloman, et neveu de Charles le Gros [3]. Mais les Francs occidentaux, divisés entre eux, voulurent porter au trône les uns Guy d'Italie, les autres Eudes. Bérenger aussi usurpa le royaume d'Italie [4] . »

Regino de Trèves, dans sa Chronique, est encore plus explicite. Après avoir raconté la déposition de Charles le Gros, puis sa mort, après avoir fait l'éloge des vertus de ce prince, il continue en ces termes [5] : « Après sa mort, les royaumes qui s'étaient trouvés sous sa domination, comme privés désormais *de leur légitime héritier* [6], rompent le lien qui les retenait en faisceau, et, loin d'attendre *leur maître naturel* [7], se disposent à se donner chacun un roi tiré de leurs propres entrailles. Ce fut là la cause de grandes guerres; non que les Francs fussent dépourvus de chefs; mais parce qu'entre ces chefs il y avait égalité de noblesse, de dignité et de puissance, et que la discorde en croissait d'autant : car personne d'entre eux n'avait sur les autres une supériorité telle, qu'il pût leur faire accepter sa domination. La France [8], en effet, eût produit bien des chefs propres au gouvernement, si la fortune n'eût fait

1. « *Odo, filius Ruodberti, usque ad Ligerim fluvium vel Aquitaniam provinciam sibi in usum usurpavit* ».
2. *Ann. Vedast. a. 887*.
3. Le chroniqueur a bien soin de nous montrer l'ascendance d'Arnulf et de marquer sa place dans la famille carolingienne.
4. « *Berengarius etiam regnum Italiæ usurpat* ».
5. *Reginonis Chron. a. 888*.
6. « *Veluti legitimo destituta hærede* ».
7. « *Et jam non naturalem dominum præstolantur.* »
8. Ce terme est pris ici dans son sens le plus extensif.

naître entre eux une rivalité de courage, et ne les eût armés les uns contre les autres, pour leur perte commune ».

Il n'est pas jusqu'au chroniqueur saxon, Wittikind, qui ne reconnaisse et ne mentionne cette tradition carolingienne. D'après lui, Arnulf, après la mort de Charles le Gros, « revendiqua tout l'empire de ce dernier [1] ».

Donc, à en croire les annalistes anonymes de Fulde et de Saint-Vast, et le chroniqueur Regino de Trèves, après la déposition de Charles le Gros, Arnulf doit lui succéder dans toute l'étendue de l'empire ; car il est le seul membre de la famille carolingienne qui ait atteint l'âge d'homme. Cette opinion, d'ailleurs, se perpétue, puisqu'on en retrouve l'écho jusque chez Wittikind, chroniqueur saxon de la fin du xe siècle, et tout dévoué à la famille des Otton.

Quelle va être le conduite d'Arnulf, seul héritier légitime, en théorie, de tout l'empire carolingien, à l'égard des prétendus usurpateurs ? Il va les traiter comme des vassaux rebelles. « En apprenant ces faits (la création de rois particuliers en Italie et en Gaule), dit l'annaliste de Fulde [2], le roi Arnulf se rendit en « Francia », et, ayant réuni une assemblée générale à Francfort, il se disposa à aller à Worms. En apprenant cette nouvelle, Eudes prit un sage parti : il réfléchit qu'il valait mieux pour lui *tenir pacifiquement sa couronne de la bonne grâce du roi, que se révolter par orgueil contre la fidélité qu'il lui devait* [3]. Il se rendit donc, *humblement*, auprès du roi, et y fut reçu avec joie. Les affaires ayant été arrangées de part et d'autre, au gré de chacun, l'un et l'autre retournèrent dans leur royaume. » On ne peut affirmer plus clairement les droits du carolingien Arnulf sur la couronne qu'a usurpée Eudes. Celui-ci n'est qu'un vassal rebelle : son pouvoir ne devient légitime que du jour où il fait acte de sou-

1. « *Omne regnum ipsius vindicavit.* » Wittikind, *Res Gestæ Saxonicæ*, I. 29.
2. *Ann. Fuld. a. 888.*
4. « *Constans se malle suum regnum gratia cum regis pacifice habere, quam ulla jactantia contra ejus fidelitatem superbire* ».

mission à Arnulf, et obtient de lui la reconnaissance de son titre de roi.

Telle est aussi la version de l'annaliste de Saint-Vast [1]. Selon lui, les seigneurs qui n'avaient pas voulu reconnaître Eudes pour roi, se rendirent auprès d'Arnulf, et le prièrent de venir en « Francia », « afin d'y reprendre *le royaume qui lui était dû* [2]. » Parmi ces mécontents se trouvaient justement Foulques, archevêque de Reims, et Raoul, abbé de Saint-Vast. Eudes, sur la convocation d'Arnulf [3], se rendit à Worms. Là, le roi Arnulf le reçut honorablement, lui accorda son amitié, et le renvoya dans son royaume avec honneur. Mais il y a plus : « Le roi Eudes, continue l'annaliste, se rendit à Reims, au devant des envoyés d'Arnulf, qui, au nom de leur maître, lui apportaient, dit-on, une couronne. Eudes, l'ayant placée sur sa tête dans l'Église de la Mère de Diéu, *fut acclamé roi par tout le peuple* [4]. » Donc. à en croire cette chronique, Eudes n'a pas dû seulement faire reconnaître son pouvoir par le seul héritier légitime de tout l'empire carolingien ; il a dû encore recevoir de lui les insignes de la royauté, pour être acclamé roi par tout le peuple.

Pour Régino de Trèves, il en fut de même [5]. Arnulf fit valoir ses droits sur tout l'empire carolingien : il intervint en Italie entre les deux compétiteurs, Bérenger et Guy; il combattit, sans succès, il est vrai, dans la Bourgogne Transjurane, l'usurpateur Conrad ; enfin ce fut *avec son consentement* [6], que les « peuples des Gaules » élurent pour roi le duc Eudes, fils de Robert.

Le chroniqueur saxon Wittikind, a reproduit, là encore, la même tradition, et il raconte qu'Eudes obtint son royaume « par la grâce de l'empereur Arnulf [7]. »

1. *Ann. Vedast. a. 888.*
2. « *Ut veniret in Franciam et regnum sibi debitum reciperet.* »
3. « *Convocatur ad placitum* », comme un simple vassal.
4. « *Ab omni populo rex adclamatur* ».
5. *Reginonis Chron. a. 888.*
6. « *Cum consensu Arnulfi.* »
7. « *Imperiumque domini sui gratia imperatoris Arnulfi obtinuit.* » Wittikind, *Res Gestæ Saxoniæ*, I, 29.

Donc, pour tous ces chroniqueurs, en 887, Arnulf est seul souverain légitime de tout l'empire carolingien. Si certains peuples de l'empire élisent des rois particuliers, pris en dehors de la famille carolingienne, ces rois sont des usurpateurs, des vassaux rebelles, qu'Arnulf combattra. Leur pouvoir ne deviendra légitime que si Arnulf, comme il l'a fait pour Eudes, veut bien leur reconnaître le titre de roi.

Richer, tout en donnant une autre version, n'en soutient pas moins, au fond, la même théorie sur les droits de la famille carolingienne. Il est, on le sait, d'une brièveté extraordinaire sur les évènements compris entre les années 887 et 919 [1] : il ne nous parle ni de Charles le Gros, ni d'Arnulf, et il nous représente le roi Eudes succédant immédiatement, en 884, à Carloman, fils de Louis le Bègue, alors que Charles, fils de Carloman, n'était âgé que de deux ans [2]. Mais son récit n'en est pas moins curieux : « L'enfance de Charles, dit-il [3], fut cause que les grands du royaume se disputèrent le pouvoir [4]. Chacun cherchait, par tous les moyens possibles, à augmenter sa fortune ; personne ne songeait à soutenir le roi ou à défendre le royaume [5]. » De là, désordre général, invasions de Normands, maux de toutes sortes. Pour réprimer ces troubles, il fallait un chef de guerre : mais, « comme Charles avait à peine trois ans, on s'occupa de créer un roi, non pour déserter la cause de ce prince, mais par impatience de marcher à l'ennemi [6]. »

Les droits de Charles, pour Richer, ne sont donc pas discutables : bien qu'âgé seulement de deux ans, il se trouve roi

1. Ces évènements n'occupent pas plus des quatorze premiers chapitres du 1er Livre, et encore il y a des hors-d'œuvre.

2. Richer donne à Charles le Simple une généalogie fantaisiste : Charles le Simple n'était pas fils de Carloman, mais fils posthume de Louis le Bègue, et par conséquent frère de Carloman ; de plus, étant né en 879, il était, en 884, âgé de cinq et non de deux ans.

3. Richer, I, 4.

4. « *Sese prævire contenderent.* »

5. « *Nemo regis provectum, nemo regni tutelam quærebat.* »

6. « *De rege creando deliberant, non ut desertores, sed ut in adversarios indignantes.* »

par le fait même de la mort de son père. Mais, comme il est trop jeune pour gouverner, le royaume est déchiré par les discordes intestines : on élit alors une sorte de roi intérimaire, Eudes. Celui-ci ne fait qu'exercer, à la place de Charles, les fonctions royales, dont la première est de maintenir l'ordre et la paix. Pendant ce temps, les droits de Charles ne sont pas anéantis, ils ne font que sommeiller. Et, en effet, dès qu'il a atteint l'âge d'homme, ses partisans le proclament roi.

En 893, Charles est sacré roi à Reims par l'archevêque Foulques; et, remarque Richer [1], il voit se ranger autour de lui « tous les grands de la Belgique et quelques uns de la Celtique. » Le jeune roi ne doute nullement de la validité de ses droits. Si l'on en croit Richer [2], « il exprimait amèrement à ses amis et aux gens de sa maison ses regrets d'avoir perdu le trône, il cherchait par mille moyens à rentrer en possession du royaume de son père [3]. » Sa restauration n'est donc que la restitution d'un héritage légitimement dû, mais momentanément occupé par un étranger.

C'est là aussi l'opinion de l'archevêque Foulques, alors le chef du parti carolingien dans la « Francia occidentalis ». Il déclare dans une lettre au pape Formose, qu'il n'a jamais douté « de la justice de la cause de Charles »; il veut que le jeune roi « jouisse en paix du royaume qui lui appartient *par droit héréditaire* [4] ». Il a pris soin d'ailleurs, de nous donner à la fois un exposé de doctrines générales et une appréciation des évènements contemporains, dans une longue lettre écrite par lui à Arnulf de Germanie, et analysée par Flodoard dans son Histoire de l'Église de Reims [5]. Ce document est des plus importants, puisqu'il émane d'un homme qui se trouvait être en même temps l'héritier des doctrines d'Hincmar, et le

1. Richer, I, 12.
2. Richer, *ibid.*
3. « *De regni amissione apud amicos et domesticos gravissime conquerebatur, regnumque paternum repetere multo conatu moliebatur.* »
4. « *Quo Karolus ad regnum hæreditario sibi jure debitum proficiat.* » Flodoard, *Hist. Rem. Eccl.* IV, 3.
5. Flod. *Hist. Rem. Eccl.* IV, 5.

plus chaud défenseur alors de la tradition carolingienne. Foulques veut se justifier auprès d'Arnulf de certaines imputations calomnieuses, et lui expliquer sa conduite dans la restauration de Charles le Simple. « Il lui rappelle, dit Flodoard, qu'à la mort de l'empereur Charles, son oncle (Charles le Gros), il partit pour lui offrir ses services, plein du désir de se soumettre à sa domination et à son gouvernement [1]; mais Arnulf le renvoya sans lui donner aucun conseil ni consolation [2]. Se voyant alors sans espérance de ce côté, il fut obligé de se soumettre à la domination d'Eudes, qui, étranger au sang royal, a abusé en tyran du pouvoir royal [3], et il a été forcé de le supporter, malgré lui, jusqu'ici. Cependant son premier désir était de voir le gouvernement entre les mains d'Arnulf, puisque c'était à lui qu'il était allé s'offrir le premier; ne trouvant aucun appui en lui, il avait fait ce qui lui restait à faire, *en choisissant pour roi le seul qui, après lui, restât encore du sang royal, et dont les prédécesseurs et les frères avaient été rois* [4]. Quant au reproche que lui faisait Arnulf de n'avoir pas sacré d'abord le jeune Charles, il lui fait observer que, lorsque l'empereur Charles mourut, et lorsqu'Arnulf refusa de prendre le gouvernement du royaume, Charles n'était encore qu'un enfant, trop faible de corps et d'esprit, incapable d'être mis à la tête de l'État, et qu'il eût été très dangereux de l'élire roi dans un moment où les Normands menaçaient le royaume des plus terribles persécutions [5]. Mais quand ils l'ont vu parvenu à l'âge où l'on est capable de discerner un bon conseil et de le suivre, ils l'ont choisi selon Dieu [6], pour donner ordre aux affaires du royaume, et en

1. Les Annales de Saint-Vast (a. 888) mentionnent, en effet, cette conduite de l'archevêque Foulques.

2. Arnulf reconnut Eudes comme roi à l'assemblée de Worms, en 888.

3. « *Qui ab stirpe regia existens alienus, regali tyrannice abusus fuerit potestate.* »

4. « *Eligens eum regem habere, quem solum post ipsum de regia ipsius habebant progenie, et cujus prædecessores ac fratres exstiterant reges.* »

5. C'est la théorie que l'on retrouve, au fond, dans le récit que donne Richer (I, 4) de ces événements.

6. « *Secundum Dei honorem* »

même temps servir les intérêts d'Arnulf. Quant à ce qu'ils avaient osé agir ainsi sans le consulter, il répond qu'ils ont en cela suivi la coutume de la nation des Francs *qui a toujours eu pour usage, à la mort d'un roi, d'en choisir un autre de la famille du roi défunt et de sa succession, sans jamais prendre l'avis d'aucun roi, fût-il plus grand et plus puissant* [1]; qu'en élevant Charles à la dignité royale, ils avaient entendu le soumettre à son autorité et à ses conseils, afin qu'il fût aidé en toutes choses de ses avis et de son assistance, et qu'ainsi le roi et le royaume fussent absolument gouvernés par ses commandements et ordonnances............. Ils avaient jugé que, pour sauvegarder les intérêts du royaume, pour éviter de blesser Arnulf, enfin *pour conserver à la famille royale la souveraineté qui lui était légitimement due* [2], ils devaient choisir Charles, persuadés qu'Arnulf verrait avec plaisir leur choix tomber sur son parent, et qu'il protégerait à la fois le roi et le royaume............. Qu'Arnulf réfléchisse comment les rois, ses prédécesseurs, ont gouverné l'État, et *comment l'ordre de succession a toujours été observé jusqu'à ce jour* [3], que de toute la famille royale il ne reste plus que lui et le jeune Charles, son parent; qu'il songe à ce qui pourrait arriver, s'il venait à payer la dette commune de l'humanité; *quand il existe déjà tant de rois qui ne sont pas du sang royal, et que tant d'autres affectent le nom de rois* [4]; qui protégera son fils, après sa mort, et l'aidera à hériter du royaume qui lui est dû [5], si lui-même laisse succomber Charles, son parent? Il ajoute qu'il est connu de presque toutes les nations, que c'est la coutume des Francs, *d'avoir des rois héréditaires* [6]......... Il conjure Arnulf......

1. « *Quorum mos semper fuerit ut, rege decedente, alium de regis stirpe vel successione, sine respectu vel interrogatu cujusquam majoris vel potentioris regis, eligerent.* »

2. « *Propter rectum congruumque regii generis principatum.* »

3. « *Et quomodo regalis culminis successio semper hucusque viguerit.* »

4. « *Cum tot jam de aliena stirpe reges exsistant, et adhuc sint plures qui regium nomen sibi affectent.* »

5. « *Ut ad debitam sibi regni hæreditatem conscendat.* »

6. « *Reges ex successione habere.* »

l'avoir pitié de cette malheureuse nation franque, et de tendre a main à la famille royale prête à tomber, assurant ainsi la lignité et la force de sa propre succession et empêchant les ·ois étrangers qui existent déjà ou qui pourront s'élever dans 'avenir, de prévaloir *contre ceux qui par leur naissance ont lroit à la dignité royale* [1] ».

Aux yeux de Foulques, Eudes n'est donc, comme tous les utres rois étrangers à la famille carolingienne, qu'un tyran t un usurpateur. Aussi a-t-il refusé de le reconnaître pour ·oi : il ne pouvait sacrer Charles, trop jeune pour régner ; il offert à Arnulf, le seul carolingien alors en âge de faire nétier de roi, la couronne qui lui revenait légitimement. Mais Arnulf a manqué à son devoir, et fait un lâche abandon de ses lroits : il a reconnu Eudes. L'archevêque a dû subir l'usurpateur : mais dès que Charles a atteint l'âge viril, il se déclare pour lui, le sacre roi, et réclame pour lui l'appui d'Arnulf, u nom des droits traditionnels de la famille carolingienne, u nom de l'amitié, de la « fraternité », que se doivent entre ux les membres de cette famille.

Mais si Foulques proclame bien haut les droits de la famille carolingienne, il n'en professe pas moins les mêmes loctrines qu'Hincmar sur les droits supérieurs de Dieu et de son Église. Dieu, par l'intermédiaire de ses évêques, peut oujours punir les princes injustes, en leur enlevant leur couronne, ou en dépouillant leurs fils de leur héritage. Il y a, à e sujet, une autre lettre, également curieuse, de Foulques, dressée à Charles le Simple lui-même [2]. Celui-ci, pour soutenir sa cause, avait fait alliance avec les Normands. L'archevêque le reprend vivement de cette compromission avec des païens : « Si les rois, vos aïeux, lui dit-il, ont régné heureusement, et ont transmis l'héritage de leur trône à leur postérité [3], c'est parce que, renonçant à leurs erreurs, ils se sont

1. *Quibus ex genere honor regius debebatur.* »
2. Cette lettre est encore rapportée par Flodoard, *Hist. Rem. Eccl.* IV, 5.
3. « *Et feliciter regnaverunt, et regni hæreditatem ad suos posteros transmiserunt.* »

soumis noblement au culte de Dieu, ayant toujours cherché en lui leur force. Et vous, au contraire, voici que maintenant vous abandonnez Dieu : car je dois le dire, quoique à regret, c'est abandonner Dieu que de faire alliance avec ses ennemis....... Croyez moi, *ce n'est pas ainsi que vous parviendrez à vous assurer votre royaume*[1]; bien au contraire, *vous provoquez Dieu, que vous irritez, à vous perdre promptement*[2]. Jusqu'ici j'avais mieux espéré de vous : maintenant, je vois que vous allez périr avec tous les vôtres, si vous voulez vous conduire ainsi, et vous ranger à de tels desseins. Certes, ceux qui vous donnent de semblables conseils, ne sont pas vos fidèles, mais bien infidèles de tout point; si vous voulez les écouter, *vous perdrez à la fois, le royaume terrestre et le royaume céleste*[3]....... Sachez donc que, si vous agissez ainsi, et si vous acquiescez à de pareils projets, *vous ne me devez plus compter comme fidèle, que je détournerai de votre foi tous ceux que je pourrai conseiller, et qu'avec mes coévêques, vous excommuniant vous et les vôtres, je vous frapperai d'un éternel anathème*[4]. Si je vous écris ainsi, c'est avec larmes et gémissements, à cause de la fidélité que je vous garde, parce que je désire que vous soyiez toujours honoré selon Dieu et selon le siècle et que vous *parveniez au trône qui vous est dû*[5], avec l'aide du Christ et non de Satan. Car le royaume que Dieu donne a de solides fondements, mais celui qui est acquis par injustice et par rapines, est caduc, bien vite chancelant, et n'est pas de longue durée. »

L'archevêque Foulques continue donc la double tradition carolingienne et ecclésiastique. Il nous montre, d'une part, ce que l'on peut appeler son loyalisme, de l'autre, le sentiment qu'il a de sa mission comme ministre de Dieu : il s'est

1. « *Quia nunquam sic agendo ad regnum pervenietis.* »
2. « *Imo velociter disperdet vos Deus, quem irritatis.* »
3. « *Terrenum simul et cœleste regnum amittetis.* »
4. « *Nunquam me fidelem habebitis, sed et quoscumque potuero a vestra fidelitate revocabo, cum omnibus coepiscopis meis, vos et omnes vestros excommunicans, æterno anathemate condemnabo.* »
5. « *Ad debitum vobis regni fastigium.* »

efforcé, jusqu'alors, de faire triompher les légitimes prétentions de Charles ; mais il est prêt à l'abandonner et à se déclarer son ennemi, s'il le voit renier Dieu par une alliance avec les païens. Charles a des droits incontestables à la royauté ; mais que valent ces droits sans l'assistance de Dieu ? S'il se conduit selon l'esprit de justice, il obtiendra, avec l'aide des ministres de Dieu sur la terre, le trône qui lui est dû ; s'il fait alliance avec des païens, Dieu, par la bouche de ses évêques, prononcera contre lui l'anathème, et le perdra, lui et tous les siens.

Foulques avait demandé pour Charles les secours d'Arnulf : celui-ci avait refusé, en 888, le royaume des Francs occidentaux, que lui était allé offrir l'archevêque ; il devait au moins aider son jeune cousin, Charles, à le reconquérir et à le gouverner sous son patronage. Quelle fut en cette circonstance la conduite d'Arnulf ?

Si nous prenons les Annales de Fulde, nous y lisons, qu'en 893 le roi Arnulf « visita par piété les monastères et les évêchés dans toute la province des Francs occidentaux [1]. » Ces annales, d'ailleurs, sont absolument muettes sur la lutte d'Eudes et de Charles le Simple. Il semble donc, à les lire, qu'Arnulf continue à régner paisiblement des deux côtés du Rhin : sans doute, il a permis à Eudes de prendre le titre de roi dans la « Francia occidentalis » ; mais Eudes s'est reconnu son vassal à l'assemblée de Worms [2], et Arnulf parcourt le royaume de son vassal.

Les mêmes annales s'expriment ainsi à l'année 894 : « Une assemblée générale se tint à Worms : là, entre autres faits, vint le jeune Charles, fils de Louis (Louis le Bègue), petit-fils de Charles roi des Francs occidentaux (Charles le Chauve), neveu du roi [3]. Le roi l'accueillit avec affection, puis le ren-

1. *Ann. Fuld.* a. 893. — D'après *Reginonis Chron.* a. 893, ce voyage se réduit à un simple voyage en Lorraine ; mais ce qu'il est curieux de constater, c'est l'expression vague, à dessein, de l'annaliste de Fulde, qui fait parcourir à Arnulf « *totam occidentalium Francorum provinciam.* »

2. V. plus haut, *Ann. Fuld.* a. 888.

3. Charles le Simple n'était pas neveu, mais cousin d'Arnulf.

voya [1]. » Rien sur la situation de Charles à ce moment, rien sur ses prétentions à la royauté dans la « Francia occidentalis », rien sur les motifs de son voyage à Worms. Ce sont deux princes parents qui se rendent visite, pour resserrer les liens d'amitié et d'affection qui les unissent : c'est là un acte tout ordinaire de la vie politique d'alors.

A l'année 895, les mêmes annales continuent : « Un placite royal se tint à Worms : là, Eudes, roi de Gaule, vint faire acte de fidélité au roi (Arnulf), avec des présents. Il fut reçu par lui honorablement, et, quelques jours après, il lui fut permis de s'en retourner en paix, comme il était venu [2]. » Rien encore sur les motifs qui amènent Eudes à Worms : c'est un vassal qui se rend au placite de son suzerain, pour l'assurer de sa fidélité, et pour lui porter les présents qu'il lui doit.

En définitive, à lire ces annales, on peut croire qu'Arnulf règne effectivement sur tout l'empire carolingien [3], et qu'Eudes lui-même est le premier à se reconnaître son vassal.

Ls Annales de Saint-Vast sont plus explicites. A l'année 894, elles nous montrent Charles et ses partisans impuissants à soutenir la lutte contre le roi Eudes. Charles se rend alors auprès d'Arnulf pour lui demander des secours : « Le roi Arnulf, dit l'annaliste, reçut avec bienveillance son cousin, et lui concéda le royaume paternel [4]. » Puis Arnulf envoie des délégués pour régler le différend entre Charles et Eudes ; mais ces délégués sont gagnés à Eudes, et ne font rien pour ramener la paix. Le roi de Germanie fait donc, là encore, acte de souverain [5] dans la « Francia occidentalis ».

1. « *Quem rex cum dilectione suscepit et absolvit.* » *Ann Fuld.* a. 894.

2. « *Ibi Odo, rex Galliæ, ad fidelitatem regis cum muneribus veniens, ab eo honorifice susceptus, et post paucos dies in sua, prout venerat, placabili licentia reversus est.* » *Ann Fuld*, a. 895.

3. Sauf, bien entendu, l'Italie, dont les rois s'étaient fait sacrer empereurs, ce qui les mettait dans une situation à part, au-dessus des autres rois.

4. « *Eique regnum paternum concessit.* » *Ann Vedast.* a. 894.

5. Il fait acte de souveraineté dans la « Francia occidentalis », comme l'année suivante dans la Lorraine, qu'il cède en royaume à son fils naturel Zwentibold.

puisqu'il confère à Charles ce royaume, et qu'il y intervient entre les deux compétiteurs.

En 895, Arnulf, qui a sans doute un désir sincère de rétablir la paix, convoque auprès de lui Eudes et Charles, afin de faire intervenir entre eux un arrangement : « Mais les partisans de Charles, continue l'annaliste de Saint-Vast, le détournèrent de ce voyage, et envoyèrent des « missi » auprès du roi Arnulf. Le roi Eudes, au contraire, prenant avec lui de vaillants compagnons, alla trouver le roi Arnulf, et lui rendit beaucoup d'honneurs. Le roi l'accueillit honorablement, et le renvoya content dans son royaume [1] ».

La conduite d'Arnulfe semble donc assez équivoque ; mais ce qui n'est pas douteux, à s'en tenir au récit des Annales de Saint-Vast, c'est qu'à deux reprises, en 884 et en 895, Arnulf fait acte de souveraineté dans la « Francia occidentalis ».

C'est la conclusion qui ressort également du récit de Regino de Trèves. « Charles, nous raconte en effet ce chroniqueur [2], n'étant pas de force à lutter contre Eudes, demanda en suppliant la protection d'Arnulf. Celui-ci tint, pendant l'été, un placite à Worms : Charles s'y rendit, se concilia Arnulf par de grands présents, et reçut de sa main le royaume qu'il avait usurpé [3]. Puis il fut ordonné aux évêques et aux comtes qui résidaient dans le voisinage de la Meuse, de lui prêter secours, de le conduire dans son royaume, et de le placer sur le trône [4]. Mais ils ne lui furent d'aucun secours; car le roi Eudes se porta avec une armée sur l'Aisne, et empêcha les troupes d'Arnulf de pénétrer dans le royaume. »

En 895, Arnulf tient, à Worms, une seconde assemblée, où se rendent « les grands de tous les royaumes soumis à sa

1. « *Odo vero rex, strenuis secum assumptis viris, ire ad regem perrexit Arnulfum, multisque honoribus eum honoravit. Rex vero illum cum honore excepit, atque cum leticia ad sua remisit.* » *Ann Vedast.* a. 895.

2. *Reginonis Chron.* a. 893.

3. « *Ubi Carolus venit, et Arnolfum magnis muneribus sibi conciliavit, regnumque, quod usurparerat, ex ejus manu percepit.* »

4. « *Et eum in regnum inducentes, in sede regia inthronizarent.* »

domination [1]. » Au même placite, arrive « le roi Eudes avec de grands présents; il est reçu honorablement par Arnulf, et, ayant obtenu ce pourquoi il était venu, il retourne dans son royaume. »

C'est donc, une fois de plus, l'affirmation des droits d'Arnulf sur tout l'empire carolingien : Charles lui-même, bien que membre de la famille carolingienne, vient faire reconnaître par lui sa royauté; et Eudes se rend à ses placites, au milieu des autres grands vassaux, « accourus de tous les royaumes soumis à sa domination. »

En réalité, Arnulf ne donna aucun secours effectif à Charles [2]; et l'archevêque Foulques fut réduit à négocier la paix entre Eudes et Charles. Ce n'est pas qu'il reconnût les prétentions d'Eudes, ou qu'il doutât du bon droit de Charles; mais il craignait que, « les forces du royaume une fois usées par la guerre, il ne fut ensuite livré sans défense à l'invasion des païens [3]. » Il subit la nécessité, et rien de plus : il voulut que Charles, puisqu'il ne pouvait recouvrer tout son royaume, en conservât au moins une partie « digne de son rang [4] ». De là, l'accord qui intervint, en 897, entre Charles et Eudes, accord qui partagea entre eux le royaume, et que Foulques accepta comme un pis-aller [5]. Eudes mourut l'année suivante, et Charles rentra en possession de tout l'héritage paternel [6] (898).

Mais si les annalistes de Fulde et de Saint-Vast, si le chroniqueur Regino, au nom de la tradition carolingienne, attribuent à Arnulf la souveraineté effective sur tout l'empire carolingien, nous allons voir Richer, au nom de la même tradition, attribuer à Charles le Simple la même souveraineté.

1. « *Ibique optimatibus ex omnibus regnis suæ ditioni subditis sibi occurrentibus.* » *Reginonis Chron.* a. 895.

2. C'est ce dont se plaint l'archevêque Foulques dans une lettre au pape Formose. V. Flodoard. *Hist. Rem. Eccl.* IV, 3.

3. Flod. *ibid.*

4. Flod. *ibid.*

5. Flod. *ibid.* — *Ann Vedast.* a. 897.

6. *Ann. Vedast.* — *Reginonis Chron.* a. 898. — Richer, I, 13.

Richer est d'une brièveté singulière sur les événements compris entre les années 893 et 898, il ne laisse pas soupçonner qu'il y ait eu une lutte entre Charles et Eudes, et il semble, à lire son récit, qu'Eudes soit mort au lendemain même du sacre de son rival [1]. Il se tait, d'ailleurs, absolument sur le rôle d'Arnulf, qu'il ne nomme même pas une seule fois dans tout le cours de son récit. Tout au contraire, il nous montre Charles exerçant, dès son avènement, la plénitude de l'autorité royale dans toute l'étendue de l'empire carolingien. D'après lui, en effet, Charles est d'abord reconnu par la Belgique, ou pays entre Marne et Rhin [2], où il trouve ses premiers et ses plus chauds partisans [3]. Puis il prend possession de la Neustrie, pays entre Marne et Garonne [4]; et il en confie l'administration au duc Robert, frère du roi Eudes, qui s'est reconnu son vassal [5]. De là il se rend *dans la Saxe*: « il en parcourt les villes, les demeures royales, les places fortes, dont il prend possession sans difficulté ; puis il donne, pour duc, aux Saxons, Henri, de race royale, et originaire du pays [6] ». Ce n'est pas tout : Charles obtient, « sans combattre, la sujétion des Sarmates [7]. »

Je ne veux relever ici ni les invraisemblances, ni les anachronismes de ce récit; je n'y remarquerai qu'un fait : l'affirmation des droits de Charles sur toute la succession carolingienne. Ce prince nous apparaît, dans Richer, comme exerçant l'autorité effective dans tout l'empire, et reprenant même, à l'égard des barbares de l'Est, le rôle de Charlemagne.

Dans ces conditions, quelle allait être l'attitude de Charles

1. Richer nous raconte le sacre de Charles au chap. 12 du 1er livre, et la mort d'Eudes au chap. 13, sans dire un mot ni de leurs guerres, ni du traité qui intervint entre eux.

2. Définition donnée par Richer lui-même, I, 2.

3. Richer, I, 12.

4. Définition donnée par Richer, I, 2.

5. Richer, I, 14.

6. « *Ubi etiam Heinricum regio genere inclitum, ac inde oriundum, ducem omnibus præfecit* ». Richer, *ibid.*

7. Richer, *ibid.*

le Simple vis-à-vis des rois élus en Germanie, après l'extinction de la branche carolingienne allemande [1]? Richer ne nous parle ni de l'élection de Conrad de Franconie en 911, ni de celle d'Henri de Saxe en 919. Il se tait également, comme du reste les autres chroniques contemporaines, sur les rapports de Charles le Simple avec Conrad: c'est seulement à partir de l'entrevue de Worms, en 920, que Flodoard et, après lui, Richer commencent à faire intervenir dans leurs récits Henri de Germanie. Ce sont les relations de ce prince avec Charles le Simple qu'il nous faut étudier maintenant : nous essaierons ainsi de comprendre, à la lumière de tous les faits précédents, la véritable portée de la correction faite par Richer à son texte primitif.

Flodoard, à l'année 920, rapporte le fait suivant : « Erlebald se rendit auprès du roi (Charles le Simple), qui se trouvait alors dans le pays de Worms, en présence de Henri, prince d'Outre-Rhin [2]. » A l'année 921, il nous raconte d'abord que « le roi Charles fit une trève, jusqu'à la messe de Saint-Martin, avec Henri, prince d'Outre-Rhin »; puis que « Charles fit de nouveau la paix avec Henri [3]». Ces deux princes étaient-ils donc en guerre? depuis quand? pour quelles raisons? autant de questions auxquelles Flodoard ne donne pas de réponses.

Richer est plus explicite : la première fois qu'il fait apparaître Henri de Saxe, il nous le montre investi, par Charles le Simple, de son duché de Saxe [4]. Il nous le présente donc, dès l'abord, comme un simple vassal du roi carolingien, au même titre que Robert, nommé par le roi Charles « duc de la Celtique [5] ».

C'est encore comme un vassal du roi carolingien qu'Henri nous apparaît à l'entrevue de Worms, et rien dans Richer ne

1. « *Regali jam stirpe deficiente* », dit le continuateur de Regino, a. 911.
2. Flodoard, *Chron.* a. 920; *Hist. Rem. Eccl.* IV, 16.
3. Flodoard, *Chron.* a. 921.
4. Richer, I, 14.
5. Richer, *ibid.*

peut faire supposer qu'il ait été déjà élu roi. « Charles, dit-il, s'était rendu dans le territoire de Worms pour une entrevue avec Henri d'Outre-Rhin [1]. Henri s'employa *avec la plus grande fidélité* à régler les affaires du roi [2]. » C'est alors qu'intervient un incident, qui semble bien être de l'invention de Richer, et auquel il fait remonter l'origine des hostilités entre Charles et Henri [3]. Pendant l'entrevue, dit-il, « des jeunes gens de Germanie et de Gaule, choqués de la différence des langues, en vinrent, selon la coutume, aux plus violentes injures ; puis, le fer à la main, ils s'élancèrent les uns contre les autres, et se portèrent des coups mortels.......... Le roi (Charles), croyant à une trahison, se leva en toute hâte, et les siens se pressèrent autour de lui. Henri, de son côté, crut à un piège, regagna sa flotte, et se vit forcé par les troupes du roi Charles à repasser le Rhin. Ceux qui accompagnaient le roi pensèrent, en effet, qu'Henri était venu en traître ; car dès lors on le disait ennemi de Charles [4]. »

L'explication de Richer n'est pas sérieuse ; et lui-même, nous le verrons bientôt, n'en tient pas de compte. Il néglige, d'ailleurs, comme Flodoard, de nous renseigner sur la question essentielle, l'objet de l'entrevue, à Worms, entre Charles et Henri.

Henri se trouve donc en guerre avec son suzerain : Richer nous le montre alors faisant cause commune avec les autres vassaux de Charles le Simple conjurés contre le roi. Le duc Robert, dit-il [5], « envoya des messagers à Henri d'Outre-Rhin, pour le gagner au sujet de la déposition du roi. Il avait appris, en effet, qu'Henri s'était trouvé forcé de fuir, poursuivi par les gardes du roi ; et il l'avait aussitôt assuré de son dévouement. Fort de l'adhésion d'Henri, le tyran travailla sans retard

1. « *Locuturus Heinrico Transrhenensi* ». Richer, I, 20.

2. « *Heinricus apud regem de rerum dispositionibus fidelissime satagebat* ». Richer, *ibid.*

3. Il est probable que Richer, ne trouvant pas dans Flodoard la cause de la guerre entre Charles et Henri, a inventé de toutes pièces le récit de cet incident.

4. Richer, I, 20.

5. Richer, I, 21.

à s'emparer du royaume. » C'est alors que Robert et les autres grands se saisissent du roi, par surprise, à Soissons; que l'archevêque de Reims, Hervé, délivre le roi, et se charge de « rappeler de la Saxe, où il commandait, le duc Henri, qui, à l'instigation de Robert, s'était comme les autres, séparé du roi [1] ».

Une première conclusion ressort clairement de tous ces faits : jusqu'à ce moment, Henri de Germanie n'est pour Richer, qu'un simple duc de Saxe, et un vassal du roi Charles le Simple. Celui-ci, en vertu de la tradition carolingienne, règne sur tous les trônes occupés autrefois par des membres de sa famille.

C'est alors que Richer imagine cet échange de lettres entre l'archevêque Hervé et Henri; puis nous montre la réconciliation d'Henri et de Charles [2]. Bien que ces lettres n'aient aucune réalité historique, il importe de les analyser attentivement. Et d'abord, remarquons quelle est, à ce moment, la situation de Charles : il est à peu près abandonné de tous ses vassaux; il a été obligé de se réfugier en Lorraine ; il lui faut donc se ménager un appui, et, cet appui, il le demandera à Henri de Saxe. Il essaiera de le ramener à la fidélité qu'il lui doit; et, pour l'y décider, lui fera des concessions.

La lettre de l'archevêque Hervé à Henri contiendra donc deux parties : dans l'une, il rappellera les causes de la rupture entre les deux princes; dans l'autre, il fera à Henri, au nom de Charles, des promesses qui doivent le décider à se rapprocher du roi. Après un préambule de lieux communs, l'archevêque arrive à la première partie de sa lettre : « Le roi n'ignore pas, dit-il [3], que le jour où il a recouvré la plénitude de son pouvoir (*cum totius statu dignitatis rex potiretur)*, il s'est un peu éloigné de toi *(paululum a te oberrasse)*;

1. Richer, I, 22.
2. Richer, I, 22, 23, 24.
3. Richer, I, 23.

mais il veut réparer ce tort en toute bonne foi. Il n'y a rien là de singulier, d'extraordinaire : se tromper est le fait de tout le monde ; revenir de son erreur est le fait des hommes de bien....... Toi-même, le meilleur des Germains, tu reconnaîtras que tu t'es écarté de ton devoir (*nimium a recto secessisse*). Et ce n'est pas étonnant : car le duc Robert..... a surpris ta bonne foi par ses conseils....... Des deux côtés, je dois le dire, on s'est trop séparé (*nimium ab utrisque oberratum est*). »

Voilà qui est bien vague et bien peu précis. Sans doute, il est facile de déterminer les torts d'Henri vis-à-vis du roi : il a manqué à la fidélité qu'il lui devait, en se laissant entraîner dans le complot de Robert. Mais le roi, quels torts a-t-il eu au juste à l'égard d'Henri, pour l'amener à rompre ? Il ne faut pas songer aux incidents de l'entrevue de Worms ; la lettre n'y fait même pas allusion. Le roi ne se reproche qu'un tort à l'égard d'Henri : « il s'est un peu trop éloigné de lui », au jour de sa toute puissance. Ce que je ne puis interpréter que d'une façon : quand le roi Charles n'avait pas besoin d'Henri, il l'a négligé, il ne lui a pas donné place dans ses faveurs, il lui a refusé quelque grâce. Mais, maintenant, le roi veut ramener Henri à la fidélité qu'il lui doit : il ne peut mieux faire, pour l'y décider, que de lui promettre quelque concession ; et il est fort probable que cette concession promise sera celle-même qu'il a jadis refusée à Henri. Une grâce refusée a fait d'Henri l'ennemi de Charles ; la même grâce accordée fera de lui son ami.

Voyons donc ce que promet à Henri l'archevêque Hervé, au nom du roi : « Mais enfin, continue la lettre, revenez tous les deux à vos premiers sentiments ; que chacun mette du sien ; tâchez l'un et l'autre, toi de rentrer tout à fait dans les bonnes grâces du roi, le roi de retrouver en toi le plus digne de ses fidèles. *Charles désire que tu sois placé à la tête de tout ce qui habite la Germanie* [1]. Forme donc de plus nobles

1. « *Te præstare gestit iis omnibus qui Germaniam inhabitare noscuntur* ».

résolutions : accueille ton seigneur abaissé, afin qu'il t'accueille aussi *pour t'élever* [1] ».

La promesse est formelle : le roi donnera à Henri le royaume de Germanie ; c'est la condition même de la paix, condition subordonnée, bien entendu, au retour d'Henri à son devoir.

La lettre d'Henri est encore plus vague et moins explicite que celle de l'archevêque. Toute la première partie de cette lettre est une longue récrimination contre Charles : mais aucun des griefs d'Henri ne peut se ramener à un fait précis ; et lui non plus ne fait aucune allusion aux incidents de l'entrevue de Worms.

Henri accepte néanmoins les propositions de l'archevêque, mais sans enthousiasme, et avec l'air d'un homme résigné à faire malgré tout son devoir [2].

Richer montre ensuite Henri se rendant à une entrevue avec Charles, « qui l'admet en sa présence avec les plus grands honneurs », et tous deux « se jurant une amitié réciproque [3] ». Fait singulier, il n'est plus ici question ni des avantages à accorder à Henri, ni de la fidélité que celui-ci gardera désormais à Charles. Je vois seulement qu'Henri est accueilli « avec les plus grands honneurs » ; ce qui se rapporte peut-être aux avantages promis, par suite, au titre de roi de Germanie qu'on lui aurait officiellement reconnu en cette circonstance. Je vois aussi que les deux princes « se jurent une amitié réciproque » ; ce qui me semble signifier qu'il n'y aura plus désormais fidélité de la part d'Henri, vassal, et faveur de la part de Charles, suzerain ; mais réciprocité d'amitié entre deux souverains égaux [4]. Je remarque

1. « *Dominum abjectum recipe ut et tu ab eo extollendus excipiaris* ».

2. Richer, I, 24.

3. « *Multoque ambitionis honore ante admittitur, ac ambo in amicitiam fœderantur* ». Richer, *ibid.*

4. Richer nous parle assez souvent de réconciliations entre un vassal et son suzerain, par exemple entre le duc Hugues le Grand et le roi Louis, et il a toujours soin de nous montrer la qualité de vassal de l'un et de suzerain de l'autre, après comme avant la réconciliation. V. notamment Richer, II, 29 et 97.

enfin que, ni dans Richer, ni dans Flodoard, il n'est question, lors de cette paix, de cession effective de territoire faite par Charles à Henri.

Ces conclusions sont confirmées par l'examen du texte officiel du traité intervenu entre les deux princes. Ce document, en effet, nous a été conservé dans son entier[1]. Aucun article, dans ce traité, ne concerne une cession effective de territoire faite par l'un des deux contractants à l'autre. D'autre part, les deux rois y apparaissent comme absolument égaux en dignité : le seul avantage qu'on donne à Charles est de le nommer le premier. L'un est appelé « seigneur et très glorieux roi des Francs occidentaux » ; l'autre, « seigneur et très magnifique roi des Francs orientaux ». Charles est campé à Bonn ; Henri est en face, sur l'autre rive du Rhin : l'entrevue a lieu dans une barque ancrée au milieu du fleuve. Là les deux souverains se prêtent un mutuel serment d'amitié.

Charles commence le premier en ces termes : « Moi, Charles, par la clémence divine, roi des Francs occidentaux, je serai désormais un ami pour le roi ici présent, Henri, roi des Francs orientaux, mon ami, comme le devoir commande à un ami d'être envers son ami, autant qu'il sera en mon pouvoir et savoir, à cette condition toutefois qu'il jurera le même serment, et qu'il veillera à tenir sa promesse. J'en prends à témoin Dieu et ces saintes reliques. » Après lui, Henri répéta le même serment, dans les mêmes termes, et ce fut tout[2].

Je reprends alors ma première question : pour quel motif

1. V, Pertz, *Leges*, t. 1, p. 567.

2. Ce traité est bien celui dont parle Flodoard (*Chron.* a. 921). C'est en effet le 2 des nones de novembre (3 nov. 921), que Charles et Henri se trouvèrent en prés[illegible] à Bonn, chacun sur une des deux rives du Rhin : or, d'après Flodoard, les [illegible] princes, avant de faire une paix définitive, avaient conclu une trêve pour jusqu'à la saint Martin (11 nov. 921). La paix fut ainsi conclue quelques jours avant l'expiration de la trêve. C'est évidemment aussi de cette entrevue de Bonn qu'il est question dans ce passage (I, 24), où Richer nous montre Henri accueilli par Charles « avec les plus grand honneurs », et les deux rois se jurant « une amitié réciproque ».

les deux rois étaient-ils en guerre, ou, ce qui revient au même, quelle fut au juste la condition de la paix entre eux? Reportons-nous au tableau que nous trace Richer[1] de la puissance de Charles le Simple, au début même de son règne : son récit n'acquiert un peu de vraisemblance que si on le place après 911, c'est-à-dire après la date où s'éteignit, avec Louis l'Enfant, fils d'Arnulf, la branche allemande de la famille carolingienne[2]. C'est seulement alors, en vertu de la tradition carolingienne, que Charles le Simple put régner, au moins en théorie, sur tout l'empire de Charlemagne.

Or un fait vint confirmer en partie la théorie. La Lorraine, depuis Charles le Gros, avait appartenu tout entière aux Carolingiens d'Allemagne : en 911, à la mort de Louis l'Enfant, au moment où les autres peuples de Germanie élisaient pour roi un prince étranger à la famille carolingienne, Conrad de Franconie, elle appela Charles le Simple et se le donna pour roi[3]. Il est donc vrai, comme le prétend Richer, mais seulement après 911, que la Lorraine, ou la Belgique, selon son expression, fit partie des Etats de Charles le Simple.

Quelle fut, d'autre part, l'attitude de ce prince vis-à-vis de la Germanie et du roi Conrad? Si nous nous reportons encore au même passage de Richer[4], nous y voyons Charles régner effectivement sur la Germanie, et investir Henri du duché de Saxe : de Conrad, il n'est même pas mention. Or, le père d'Henri, le duc Otton, ne mourut qu'en 912[5] : c'est donc seulement à cette date qu'Henri put être investi du du-

1. Richer, I, 14.
2. Richer ne nomme pas une seule fois ni Charles-le-Gros, ni Arnulf, ni Louis l'Enfant, ni Conrad.
3. *Annalium Alamannicorum continuatio Sangallensis tertia*, a. 912; — *Annalium Lobiensium continuatio*, a. 912. Ce fait est d'ailleurs affirmé indirectement par le traité de Bonn (921), cité plus haut : en effet, parmi les prélats qui, du côté de Charles, signèrent le traité, nous voyons les archevêques de Cologne et de Trèves, les évêques de Cambrai et d'Utrecht.
4. Richer, I, 14.
5. *Reginonis Continuator*, a. 912.

ché de Saxe, et c'est Conrad qui, alors, était roi de Germanie.

Une seule hypothèse me semble pouvoir concilier ces contradictions : Charles le Simple, au nom de la tradition carolingienne, a revendiqué, en 911, tout l'héritage de Louis l'Enfant. La Lorraine seule a fait droit à ses prétentions, et l'a reconnu pour roi ; la Germanie, au contraire, a élu un autre roi, Conrad de Franconie.

Mais Charles n'a pas reconnu ce nouveau souverain, et a maintenu ses prétentions sur tout l'empire carolingien. Conrad, tout occupé en Allemagne de ses luttes contre les ducs, ses rivaux, est trop faible pour obtenir par force de Charles le Simple la reconnaissance de son pouvoir. Charles, de son côté, est trop peu sûr de la fidélité de ses vassaux, pour entreprendre d'imposer à l'Allemagne la reconnaissance de ses droits. Il n'en conserve pas moins toutes ses prétentions théoriques : et alors se forme, dans son entourage, une tradition perpétuée jusqu'à Richer par les fidèles de la famille carolingienne, tradition d'après laquelle l'élection et le règne de Conrad sont considérés comme nuls et non avenus ; Charles n'a pas cessé, jusqu'en 921, de régner effectivement sur tout l'empire de Charlemagne, et c'est ainsi qu'en 912 il donne à l'un de ses vassaux, Henri, le duché de Saxe.

Richer se tait sur l'élection d'Henri en 919, comme sur celle de Conrad en 911 [1] ; par contre, dans Richer comme dans Flodoard, Henri nous apparaît en guerre avec Charles le Simple, presque dès le début de son règne. Les motifs de cette guerre, on ne peut les chercher dans les incidents de l'entrevue de Worms : ces incidents sont certainement de l'invention de Richer. On ne les cherchera pas non plus dans une contestation sur un territoire en litige : ni dans le récit de Richer, ni dans le texte même du traité de 921, il n'est un seul instant question de cessions territoriales ou de règlements de frontières.

1. Flodoard, d'ordinaire bien informé, ne nous en dit rien non plus.

L'archevêque Hervé, pour décider Henri à se rapprocher de Charles, lui fait l'unique promesse que voici : « Charles désire que tu sois placé à la tête de tous ceux qui habitent la Germanie [1]. » Si cette seule condition doit ramener la paix, c'est, à n'en pas douter, sur cette question qu'a éclaté le conflit. Or, si Charles a d'abord refusé de placer Henri « à la tête de tous ceux qui habitent la Germanie », cela signifie, pour nous, qu'il a refusé, à l'origine, de reconnaître Henri comme roi de Germanie, et continué, comme sous le règne de Conrad, à proclamer ses droits sur cette partie de l'empire carolingien.

Henri, plus puissant que Conrad, a pris les armes pour obliger Charles à reconnaître son pouvoir : une entrevue a lieu à Worms, sans doute pour régler le conflit; mais elle n'aboutit pas. A ce moment, Charles voit son pouvoir compromis par la défection des grands; il craint de voir Henri se joindre aux rebelles; et, pour s'assurer au moins de sa neutralité, il se décide à lui faire la concession tout d'abord refusée : il lui reconnait le titre de roi des Francs orientaux. Cette reconnaissance est implicitement contenue dans le traité de 921, par le fait même qu'Henri y est traité officiellement comme roi, avec les mêmes titres et les mêmes prérogatives que Charles; par ce fait aussi que les deux princes se prêtent entre eux, comme entre égaux, un mutuel serment d'amitié [2].

1. Richer, I, 23.

2. Que les prétentions émises par Charles, au nom de la tradition carolingienne, sur la Germanie, et le désir d'Henri de Germanie de se faire reconnaître roi par Charles aient été la cause première de leur conflit, c'est ce qui ne me semble pas douteux. Quant aux causes secondes, aux événements qui ont provoqué l'ouverture des hostilités, les versions diffèrent. — Waitz (*Jahrbücher des Deutschen Reichs unter Kœnig Heinrich* I, a. 919 et sqq.) ne voit chez Henri que le désir de s'emparer de la Lorraine, « sur laquelle il avait, comme successeur d'Arnulf et de Louis, à faire valoir des prétentions, que Conrad n'avait jamais abandonnées ». Il fonde son opinion sur une lettre (dom Bouquet, t. IX, p. 297), où Charles le Simple accuse « *Heinricum inimicum suum* » d'agir sourdement contre lui dans l'affaire de l'évêché de Liége : c'est à propos de la nomination d'un titulaire à ce siège épiscopal que Charles se trouvait déjà en conflit ouvert avec le duc de Lorraine, Gislebert, alors révolté contre lui

Mais là encore se forme une tradition parmi les fidèles défenseurs de la doctrine carolingienne : d'après cette tradition, c'est Charles qui confère lui-même, et libéralement, le royaume de Germanie à Henri de Saxe en 921, comme Arnulf a conféré le royaume des Francs occidentaux en 887 à Eudes, et en 893 à Charles le Simple lui-même. D'après la même tradition, Henri, lorsqu'il prend les armes contre Charles, est un vassal rebelle, que l'influence de l'archevêque Hervé ramène ensuite à son devoir.

Il existait donc vraiment, au IXe et au Xe siècle, une théorie politique, en vertu de laquelle les descendants de Charlemagne avaient droit sur tous les trônes jadis occupés par lui-

et aspirant à l'indépendance (Voir aussi, sur cette affaire : Flodoard, *Chron.* a. 920, 922 ; — Richer, I, 22, 25). Il s'appuie également sur ce récit fantaisiste où Richer (I, 36, 37, 38) raconte les démêlés de Gislebert avec Charles, et l'intervention d'Henri pour les réconcilier. Mais la lettre de Charles n'est pas une autorité suffisante : le roi, en effet, avait intérêt à noircir aux yeux de ses partisans, et notamment des évêques, les plus chauds défenseurs de sa cause (c'est à eux que la lettre est adressée), un rival dont il avait refusé de reconnaître la royauté, et avec lequel, la lettre en fait foi, il se trouvait déjà en guerre. Quant au récit de Richer, nous en avons démontré plus haut (V. p. 5, note 4, et p. 6, note 2) le peu de valeur. Flodoard (*Chron.* a. 920), qui mentionne et la révolte de Gislebert contre Charles, et leur conflit à propos de l'évêché de Liège, ne parle aucunement de l'intervention d'Henri. Il dit bien (*Chron.* a. 921) qu'au moment où il conclut une trêve (avant la paix de Bonn) avec Henri, Charles se trouvait en Lorraine ; mais il y était occupé contre un petit seigneur rebelle, Ricuin, auquel il reprit quelques places fortes, et non contre le duc Gislebert Quant à Charles le Simple, tout en lui reconnaissant le dessein de faire valoir des prétentions sur tout le domaine primitif des Carolingiens, Waitz ne nous le montre pas refusant de reconnaître Henri et revendiquant tout le royaume de Germanie. D'après lui, Charles voulut seulement profiter des embarras d'Henri, au début de son règne, pour lui arracher quelque lambeau de territoire ; et, dans ce dessein, il envahit l'Alsace et pénétra presque dans le pays de Worms. Cette version se fonde sur le passage où Flodoard (*Chron.* a. 920) dit de Charles qu'il était « *in pago Wormacensi contra Heinricum Transrhenensem* » ; et sur le récit suivant du Continuateur de Regino (a. 923) : « Charles, voulant s'emparer de l'Alsace et de cette partie de la « Francia » qui avoisine le Rhin jusqu'à Mayence, pénétra, les armes à la main, jusqu'à Pfedersheim, près Worms. Mais les fidèles du roi Henri s'étant réunis à Worms, Charles dut s'enfuir d'une façon indigne d'un roi. » Mais le passage de Flodoard, nous l'avons vu (V. p. 3, note 2), est ambigu et énigmatique. Quant au renseignement donné par le Continuateur de Regino, il n'est pas fait pour nous inspirer confiance : il ne se trouve, en effet, que dans cette seule chronique ; or celle-ci fourmille d'erreurs dont quelques-unes semblent voulues : ainsi elle place le traité de Bonn en 924 (au lieu de 921), entre la fameuse bataille de Soissons, où le duc Robert fut tué, et l'emprisonnement de Charles par le comte Herbert ; elle raconte qu'au même. Cette théorie se manifeste clairement dans les récits des annalistes de Fulde ou de Saint-Vast et du chroniqueur Regino, comme dans les écrits de l'archevêque Foulques; elle se perpétue à travers le xe siècle; elle trouve un écho jusque chez Wittikind, le chroniqueur officiel de la dynastie saxonne des Otton; et elle est continuée par Richer, partisan déclaré de la dynastie carolingienne. C'est au nom de cette théorie traditionnelle qu'Arnulf, en 887, comme Charles le Simple, en 911, revendiquent la souveraineté sur tout l'empire carolingien, et que les chroniqueurs dévoués à leur cause les représentent comme exerçant effectivement cette souveraineté. Cette tradition, d'ailleurs, avait plus qu'une valeur théo-

traité de Bonn Charles promit à Henri de ne plus envahir la Lorraine; enfin elle ajoute, après avoir montré l'échec de Charles dans le pays de Worms, que « le roi Henri, s'adjoignant l'archevêque Roger et le duc Gislebert, mit le siège devant Metz dont il s'empara, malgré la longue résistance de l'évêque Witger »; or ce Roger était archevêque de Trèves, et figure précisément parmi les prélats qui, du côté de Charles, contresignèrent le traité de Bonn, il est donc bien invraisemblable qu'il fût alors l'allié d'Henri. D'ailleurs, en admettant même l'exactitude de ce détail particulier, relatif à l'invasion de Charles en Alsace, il faudrait toujours le rapporter à cette idée générale que Charles ne veut plus laisser dormir ses prétentions sur tout l'empire carolingien, mais veut au contraire les faire valoir par les armes, et dépouiller son rival du royaume qu'il a usurpé. — Giesebrecht (*Geschichte der Deutschen Kaiserzeit*, t. I, 1re partie, p. 212), sur la foi des récits de Richer (I, 22, 23, 24, première rédaction; 36, 37, 38), du même passage de Flodoard (*Chron.* a. 923), nous montre Henri s'alliant constamment avec Gislebert, dans l'espérance de rattacher le duc et son duché au royaume de Germanie, et ne consentant au traité de Bonn que parce qu'il reconnaît que « la Lorraine, pour le moment, ne pouvait être réunie à son royaume sans grande effusion de sang ». Quand Charles, de son côté, après le guet-apens de Soissons (en 920), a pu, grâce à l'archevêque de Reims, Hervé, regagner les grands à sa cause, il se jette dans une guerre contre Henri « pour affermir par la gloire sa puissance mal assurée ». Le motif me semble fantaisiste, et l'idée un peu trop inspirée par certains événements contemporains. — Huhn enfin (*Geschichte Lothringes*, t. I, p. 82) nous montre, après la réconciliation de Gislebert avec Charles (d'après Richer, I, 22, 23, 24, première rédaction), Henri cherchant à envahir la Lorraine; Charles se porte alors dans le pays de Worms, pour arrêter l'armée allemande, et l' « empêcher de franchir le Rhin »; d'autre part, Henri a « de trop grands soucis pour songer à l'acquisition de la Lorraine », et il demande une entrevue à Bonn. — Je reconnais qu'il est difficile de saisir l'enchaînement logique de tous les événements d'alors; cependant une idée, ce me semble, doit les dominer tous : c'est que Charles revendique toute la succession carolingienne et considère Henri comme un usurpateur, et qu'Henri, de son côté, veut forcer Charles à le reconnaître comme roi. Ceci posé, il est probable que ce fut Henri et non Charles qui fut l'agresseur. Charles qui, dans cette année 920, s'était vu sur le point de devenir le prisonnier de ses vassaux rebelles, qui

rique, puisque nous voyons Eudes en 888, Henri de Saxe, en 921, tous deux étrangers à la famille carolingienne et tous deux élus rois par les Francs occidentaux ou orientaux, demander aux carolingiens Arnulfe ou Charles le Simple la reconnaissance et presque la confirmation de leur titre de roi. Cette tradition, enfin, ne disparait même pas avec la famille carolingienne : c'est en s'en inspirant, qu'une chronique du XIe siècle, l'*Historia Francorum Senonensis* [1], donne pour successeur à Louis le Fainéant, en 987, son frère naturel, Charles de Lorraine, et fait de Hugues Capet un vassal rebelle qui détrône son souverain légitime pour usurper son pouvoir ;

les avait à grand'peine ramenés à leur devoir, qui voyait Gislebert se révolter contre lui et chercher à se créer une principauté indépendante en Lorraine, ne pouvait guère songer, semble-t-il, à envahir une partie quelconque du royaume de Germanie, et à se mettre une guerre étrangère sur les bras dans un moment où tant d'autres dangers l'entouraient. Il est très naturel, au contraire, qu'Henri ait cherché à profiter des embarras multiples de Charles pour l'obliger à reconnaître sa royauté. Sans doute il avait, lui aussi, des embarras sérieux dans son royaume : mais, une fois reconnu par le roi carolingien, il acquérait, par le fait même, une grande force contre ses ennemis du dedans, et il écartait la menace constante d'une intervention de Charles dans les affaires intérieures de son royaume. Il est donc probable que ce fut Henri qui attaqua le premier, et cela naturellement du côté de la Lorraine, qui se trouvait sur la frontière des deux royaumes : non pas, je crois, qu'il eût l'intention sérieuse d'annexer cette province à son royaume — le duc Gislebert aspirait alors à l'indépendance, et ne voulait pas plus d'Henri que de Charles pour suzerain — mais bien pour effrayer Charles et en obtenir ainsi la reconnaissance de sa royauté. Quant à Charles, s'il se porta dans le pays de Worms, ce fut pour arrêter Henri, ou bien, si l'on admet la version de Richer, ce fut pour avoir une entrevue avec Henri et arriver à une entente avec lui ; mais l'entrevue n'aboutit pas et la guerre continua.

Quant au sens du traité de Bonn, les historiens, même ceux qui ne semblent pas avoir reconnu la signification du conflit entre Charles et Henri, sont généralement d'accord. — Kalckstein (*Geschichte des französischen Kœnigsthums unter den ersten Kapetingern*, t. I, p. 150) dit qu'à l'entrevue de Bonn « Charles reconnut *pour la première fois* Henri comme roi des Francs orientaux ». — D'après Waitz (ouvrage cité), au traité de Bonn, les deux rois se reconnurent mutuellement comme souverains, l'un des Francs orientaux, l'autre des Francs occidentaux. — Giesebrecht (ouvrage cité) attribue une grande importance à ce traité par lequel « le roi carolingien reconnaissait la domination d'Henri comme *existant en droit* à côté de la sienne propre, et ainsi abandonnait formellement les pays à l'est du Rhin, sur lesquels *il avait jusqu'alors affirmé des prétentions héréditaires* ». — Huhn seul (ouvrage cité) me semble avoir vu dans ce traité plus qu'il n'y avait en réalité, quand il dit qu'il comportait « la promesse des Allemands de ne pas inquiéter la Lorraine, et la reconnaissance par les Francs occidentaux du roi Henri ».

1. Pertz, *Script*. t. IX, p. 364.

c'est pour donner, en vertu de cette théorie, une sorte de légitimité à la dynastie capétienne elle-même, que la chronique officielle [1] de cette dynastie imagine au XIIIe siècle cette généalogie qui rattache Philippe-Auguste, par les femmes, à la famille de Charlemagne [2].

Élevé par sa famille même [3] dans cette tradition, intimément convaincu de la légitimité des droits des Carolingiens sur tous les royaumes issus de la succession de Charlemagne, Richer ne pouvait considérer Henri, jusqu'en 921, que comme un simple duc de Saxe, vassal de Charles le Simple, à l'égal des ducs Gislebert de Lorraine et Robert de Neustrie [4].

1. *Chronique de Saint-Denis*, t. III, p. 149.

2. Il est très curieux de voir Louis XIV, dans ses *Mémoires*, alléguer cette parenté, considérer les Capétiens comme les descendants directs de Charlemagne et comme les véritables héritiers, non seulement de ses domaines, mais aussi de ses pouvoirs et de ses titres. Il déclare, par exemple (*Œuvres de Louis XIV*, édit. Treuttel et Wurtz, t. I, p. 163), que les princes de la maison de Lorraine sont ses parents « du côté de Charlemagne ». Il rappelle (*ibid.*, p. 71) que sa maison a régné « tout à la fois sur la France, sur les Pays-Bas, sur l'Allemagne, sur l'Italie et sur la meilleure partie de l'Espagne ». Parlant d'un traité conclu en 1662 avec le duc de Lorraine, traité qui doit assurer la réunion du duché à la France, il ajoute (*ibid.*, p. 161) : « Et s'il fallait ajouter l'honneur à l'utilité, c'était l'ancien patrimoine de nos pères, qu'il était beau de rejoindre au corps de la monarchie, dont il avait été si longtemps séparé. » Il en est de même des titres et des pouvoirs impériaux, conférés à Charlemagne, et qui devraient appartenir, en droit, aux Capétiens, ses héritiers. « Les Allemands, dit-il (*ibid.*, p. 73), excluant les princes de notre sang, s'emparèrent aussitôt après de cette dignité (*la dignité impériale*), ou plutôt en subrogèrent une autre à sa place, qui n'avait rien de commun, ni avec l'ancien empire romain, ni avec le nouvel empire de nos aïeux. » Ce n'est donc pas aux empereurs d'Allemagne qu'il appartient de revendiquer la suprématie attachée au titre impérial qu'avait porté Charlemagne : « Car, à leur faire justice, on ne peut les regarder que comme les chefs ou les capitaines généraux d'une république d'Allemagne, assez nouvelle en comparaison de plusieurs autres États, et qui n'est ni si grande ni si puissante qu'elle doive prétendre à une supériorité sur les nations voisines » (*ibid.*, p. 75). Les Capétiens, étant les seuls et véritables héritiers de Charlemagne, non seulement ne doivent pas être considérés comme inférieurs aux empereurs d'Allemagne, mais sont de plus en droit de réclamer le pas sur eux, car « on trouve, dès le Xe siècle, des traités publics, où ils se nomment les premiers, avant les empereurs avec qui ils traitent » (*ibid.*, p. 76). C'est en effet Charles le Simple qui a la préséance sur Henri l'Oiseleur au traité de Bonn, en 921. Voici donc Louis XIV qui se proclame le descendant direct de Charlemagne, et qui, tout comme les Carolingiens du IXe et du Xe siècle, énonce ses droits sur toute la succession du grand empereur.

3. On sait, en effet, que le père de Richer, Raoul, fut un des fidèles défenseurs de la cause carolingienne. V. Richer, II, 87-90; III, 6-10.

4. Aux yeux des partisans de la pure théorie carolingienne, Henri n'est vérita-

Que, dans ces conditions, il remplaçât le nom du duc Gislebert par le nom du duc Henri, il n'y avait rien là d'extraordinaire et d'anormal.

Deux critiques ont entrevu que ce changement au texte primitif de Richer pouvait trouver une explication dans les sentiments et les opinions d'un des partis politiques d'alors. M. Wattenbach [1], après les critiques acerbes à l'adresse de Richer, que nous avons citées au début, ajoute comme restriction : « Je ne sais trop s'il faut voir là une falsification faite à dessein, ou si Richer ne s'est pas induit lui-même en erreur par sa *conception entièrement fausse de l'histoire passée*. Mais il n'y gagne toujours pas beaucoup, si l'on admet que, par amour d'*une théorie superficielle*, il a altéré de *gaieté de cœur* les événements passés. » M. Marius Sepet [2] va plus loin en fait de concessions : « M. Pertz, dit-il, et, à sa suite, M. Guadet, se sont moqués de Richer qui, *par un sentiment de patriotisme à coup sûr exagéré*, et qui l'a conduit à de graves erreurs, fait de Henri l'Oiseleur un vassal, presque un fonctionnaire de Charles le Simple, souverain légitime, suivant lui, de la Germanie comme de la Gaule. Mais qu'on y prenne garde, cette idée de Richer, réduite à sa juste valeur, c'est-à-dire à un sentiment qui, même après l'avènement de Hugues Capet, persistait encore dans certains esprits, *le sentiment du droit des Carolingiens sur tous les trônes qu'avait occupés Charlemagne*, mérite qu'on en tienne compte. »

Cependant ces deux historiens me semblent être restés encore en deçà de la vérité. La théorie, en vertu de laquelle Richer a pu considérer Henri l'Oiseleur, jusqu'en 921, comme un simple vassal de Charles le Simple, n'avait rien de « superficiel » ; elle était même plus qu'un « sentiment

blement roi que quand il a été reconnu par le carolingien Charles, comme Eudes n'est véritablement roi que quand il a été reconnu par le carolingien Arnulf.

1. Wattenbach, *Deutschlands Geschichtquellen*, t. I, p. 383, 384.

2. Marius Sepet, *Gerbert et le changement de dynastie* (*Revue des Questions historiques*, t. VII, p. 462).

du droit des Carolingiens sur tous les trônes qu'avait occupés Charlemagne » : elle constituait la doctrine essentielle de tout un parti politique ; bien plus vieille que Richer, elle devait encore produire des effets bien après lui ; elle avait enfin donné naissance à une véritable tradition politique, à un droit théorique que les faits étaient venus appuyer et confirmer. Sans doute, Richer, en considérant l'histoire du passé au travers de cette théorie, s'en est formé « une conception entièrement fausse », à notre point de vue ; mais on pourrait faire le même reproche à bien des écrivains d'alors, comme les annalistes de Fulde et de Saint-Vast, le chroniqueur Regino de Trèves et l'archevêque Foulques. Enfin rien ne prouve que Richer ait « altéré de gaieté de cœur » les événements qu'il raconte, ni qu'il ait agi par « un sentiment de patriotisme exagéré » [1]. Au contraire, les corrections faites par lui à son texte primitif trouvent une explication, ce me semble, plus naturelle, dans les deux motifs que nous avons essayé de déterminer.

Nous avons montré, en effet, dans la première partie de ce travail, que la logique et l'unité du récit de Richer rendaient une correction nécessaire. De la seconde partie, nous croyons pouvoir tirer une double conclusion : — d'abord que Richer a pu, sans parti-pris de nous tromper, et par l'effet seul de la conception qu'il s'était formée des événements passés, d'après la tradition politique en cours dans sa famille et dans son entourage, faire cette correction telle qu'il l'a faite, c'est-à-dire remplacer le nom de Gislebert de Lorraine par celui d'Henri de Germanie ; — en second lieu que le passage de Richer, ainsi corrigé, n'offre rien que de facile à expliquer, si l'on veut l'éclairer, d'abord par les appréciations des chroniqueurs et des hommes politiques sur les rapports antérieurs des rois Carolingiens avec les rois étrangers à leur famille, puis par les autres documents contemporains qui se rapportent aux mêmes événements.

1. Parler de « patriotisme », comme de « vanité nationale », au xe siècle, me semble un pur anachronisme.

On s'est donc, en définitive, trop hâté de condamner Richer : il n'est ni plus ni moins exact, ni plus ni moins impartial que les autres chroniqueurs d'alors, et il a vu, comme eux, les événements du passé, au travers des préjugés, des opinions, des traditions de son parti. Les erreurs sont, d'ordinaire, nombreuses chez tous ces historiens d'autrefois : les signaler, c'est rendre service aux historiens d'aujourd'hui. Mais doit-on se borner à cette œuvre de critique, pour ainsi dire, négative ; et, à rechercher les causes de ces erreurs, ne trouvera-t-on pas souvent plus d'intérêt et de profit?

G. Bardot.

LA

SUCCESSION DE CHARLEMAGNE

ET

LE TRAITÉ DE VERDUN

Étude sur les règlements de partage de l'Empire carolingien et sur les origines de la CONCORDE.

L'avènement de Charlemagne à la dignité impériale souleva une question d'un grand intérêt qui touchait à l'existence même de la monarchie franque.

Depuis trois siècles la royauté et le royaume des Francs se transmettaient comme un héritage ordinaire, suivant toutes les règles du droit privé [1]. Si le roi laissait plusieurs fils, ils divisaient entre eux le royaume en parties égales et prenaient tous le titre de roi [2]. L'un d'eux venait-il à mourir, ses fils, s'il en avait, héritaient pareillement de sa part;

1. C'est ce qu'a très bien montré Fustel de Coulanges dans son récent volume *La Monarchie franque*, 1888, pages 39-42.

2, Grégoire de Tours, III, 15 18; *Annales Mettenses*, anno 741 (Pertz, *Scriptores*, t. I). L'expression *æqua lance dividere*, employée par les historiens, est exactement celle qui était usitée dans les partages de succession en droit privé. V. *Textes relatifs aux institutions privées aux époques mérovingienne et carolingienne*, publiés par M. Thévenin (Paris 1887), n°s 14 et 16.

sinon ses frères se la partageaient [1]. Il pouvait arriver que le même prince recueillît la succession de tous ses parents et réunît de nouveau toute la monarchie [2]. Mais sous le règne suivant un partage brisait encore une fois l'unité politique dont le maintien ou la disparition ne dépendait que du hasard.

L'empire, au contraire, était en principe un et indivisible, comme l'Église elle-même qui perpétuait la plupart des traditions impériales [3]. Il était du reste, au temps de Charlemagne, conçu tout autrement que comme la propriété d'une famille. On se le figurait sans limites précises, embrassant le monde chrétien, se confondant en quelque sorte avec la société des fidèles. L'empereur, considéré comme un ministre de Dieu dans l'ordre temporel, avait pour mission de veiller sur l'Église et sur ses biens, de travailler de concert avec elle à la défense et à l'agrandissement du domaine de la foi [4].

Cette façon de concevoir l'empire pouvait exercer quelque

1. Lorsque les enfants étaient en bas-âge, il arrivait souvent que leurs oncles s'emparaient de l'héritage. Les grands y faisaient rarement opposition. Aussi quelques historiens ont-ils soutenu que le droit des fils à hériter n'était pas absolu (V. Lehuérou, *Hist. des institutions caroling.*, 1843, liv. Ier, chap. VII ; Waitz. *Deutsche Verfassungsgesch.* 2e édit. t. III, p. 275-276). Il n'est pas douteux que ce droit n'existât. V. Fustel, ouvr. et pass cités dans la note 1 de la page précédente.

2. Ce fut le cas de Clotaire Ier en 558, de Clotaire II en 612, d'autres encore; c'était celui de Charlemagne depuis 771.

3. V. Gasquet, *L'empire byzantin et la monarchie franque*, 1888, p. 184. Les partages de l'empire romain aux IVe et Ve siècles ne peuvent pas être assimilés à ceux du royaume franc; ils laissaient subsister en principe l'unité de l'empire. V, Paillard, *Hist. de la transmission du pouvoir impérial...*, 1875, pp. 253-55, 257-63.

4. Sur cette conception nouvelle de l'empire, voir Waitz, ouvr. cité, t. III p. 201-203 ; Dœllinger, *Das Kaiserthum Karls d. Gr.* p. 337, 351 (*Münchner histor. Jahrb.* 1865) ; Gregorovius, *Gesch. der Stadt Rom.*. 2e édit. 1869, t. II, p. 497-98 ; Giesebrecht, *Gesch. d. deutsch. Kaiserzeit*, 4e édit. 1873, t. I, 1re partie, p. 123-124. — Lettre de l'archevêque Odilbert de Milan à Charlemagne (Boretius, *Capitul. regum Francor.* I, p. 247) : *Redemptoris supplicamus clementiam ut vitam vestram atque incolumitatem per multorum annorum curricula ad profectum omnium ecclesiarum Dei sive et fidelium populorum vobis a Deo commissorum conservare dignetur... Vos sollicitudinem habentes orthodoxe fidei magis præ ceteris omnibus qui ante vos christiani imperatores in universo mundo fuerunt.*

influence sur le règlement de la succession de Charlemagne. Il semblait que la monarchie, au lieu d'être divisée entre ses fils, dût passer tout entière à un seul d'entre eux. Tel était sans nul doute le sentiment de l'Église que ses tendances portaient vers l'unité, l'ordre et la paix. Chaque partage du royaume amenait des querelles entre les rois, excitait leur jalousie mutuelle et leurs convoitises ; ces querelles favorisaient le désordre et l'anarchie et compromettaient gravement la solidité du royaume [1]. En renonçant à une coutume aussi dangereuse, on eût affermi le pouvoir monarchique et assuré au nouvel empire quelque chance de durée.

Il n'en fut pas ainsi : la coutume des partages continua d'être observée. Mais il s'écoula plus de quarante années avant que cette question de l'héritage carolingien reçût une solution définitive. Dans l'intervalle, elle avait fait l'objet de plusieurs règlements impériaux, mis aux prises les partisans de l'unité et ceux de la tradition, provoqué des troubles et des révoltes. Nous nous proposons d'analyser ces règlements et de suivre dans les textes contemporains les traces de ces luttes. Le caractère et la portée du débat nous ont paru justifier une étude spéciale [2].

I

Le premier document qui s'offre à notre examen est le capitulaire que Charlemagne promulgua au mois de février

1. Grégoire de Tours, liv. V, Prologue : *Tædit me bellorum civilium diversitatis, quæ Francorum gentem et regnum valde proterunt, memorare...* V. Dareste, *Hist. de France*, 3e édit. 1884, t. I, p. 220 ; Dümmler, *Gesch. d. ostfr. Reiches*, 2e édit. 1887, t. I, p. 20-21.

2. Nous ne connaissons qu'une seule étude d'ensemble sur les règlements de partage de l'empire carolingien, celle de M. C. F. Meyer, *Die Theilungen im Reiche der Karolinger*. Stettin. 1877, 51 pages. L'auteur a bien voulu nous l'envoyer lui-même ; qu'il reçoive ici nos remerciments. Voir aussi Waitz, ouvr. cité, t. IV, p. 654 et suivantes ; et les *Jahrbücher des frænkischen Reiches* de Simson (*Karl. d. Gr.* t. II, 1883 ; *Ludwig d. Fr.* 2 vol. 1870-74).

806 dans un plaid tenu à Thionville [1]. Il s'ouvre par un préambule : « Comme vous n'ignorez pas, dit l'empereur en s'adressant à *ses fidèles et à ceux de la sainte Église de Dieu* [2], que la divine clémence nous a comblé de bénédictions en nous donnant trois fils, que grâce à elle nos vœux sont satisfaits et l'espoir du royaume assuré, et que nous n'avons plus à craindre l'oubli de la postérité, nous vous faisons savoir que notre désir est d'associer, de notre vivant, nos fils à la royauté que nous tenons de Dieu et de les avoir, s'il plaît à Dieu, après notre mort, pour héritiers de notre empire et royaume. Mais, par mesure d'ordre, pour éviter les querelles qui résulteraient de l'indivision, nous avons fait trois parts du royaume. Chacun de nos fils trouvera désignée et décrite celle dont il aura la défense et le gouvernement. Satisfait de sa part et obéissant à notre ordonnance, il s'appliquera à défendre, avec l'aide de Dieu, les frontières de son royaume et gardera à ses frères la paix et l'amour [3]. »

Ainsi Charlemagne, même après son couronnement, ne renonçait pas aux habitudes de sa race ; dans sa pensée la royauté franque restait distincte de l'empire. Roi des Francs avant tout [4], il concevait l'État comme le patrimoine de ses

1. *Divisio regnorum* (806), Boretius, I, p. 126-130.

2. Préambule, ibid. p. 126 : *omnibus fidelibus sanctæ Dei Ecclesiæ ac nostris...*

3. Préambule, ibid. : *Sicut... nemini vestrum lateri credimus, quoniam nos divina clementia... tres nobis dando filios, magno miserationis suæ atque benedictionis ditavit munere, quia per eos juxta vota nostra spem regni confirmavit, et curam oblivionum obnoxiæ posteritatis relevavit; hoc vobis notum fieri volumus, quod eosdem... filios nostros regni a Deo nobis concessi, donec in corpore sumus, consortes habere, et post nostrum ex hac mortalitate discessum... imperii vel regni nostri heredes relinquere, si ita divina majestas annuerit, optamus. Non ut confuse atque inordinate vel sub totius regni denominatione jurgii vel litis controversiam eis relinquamus, sed trina portione totius regni corpus dividentes, quam quisque illorum tueri vel regere debeat porcionem describere et designare fecimus, eo videlicet modo, ut sua quisque portione contentus juxta ordinationem nostram et fines regni sui qui ad alienigenas extenduntur, cum Dei adjutorio nitatur defendere et pacem atque caritatem cum fratre custodire.*

4. Il garde ce titre dans l'en-tête de ses actes. Voir le préambule : *Karolus... imperator, Romanum gubernans imperium, qui et per misericordiam Dei rex Francorum atque Langobardorum.*

fils; ils avaient tous des droits égaux sur son héritage. Il prenait même la précaution d'assigner à chacun sa part, ne lui demandant que de se tenir satisfait de son lot et de laisser à ses frères la paisible possession des leurs. Déjà Charles Martel en 741, le roi Pépin en 768 avaient partagé d'avance leur succession entre leurs fils [1]; Charlemagne ne faisait que suivre leur exemple.

A vrai dire, ce partage était depuis vingt-cinq ans un fait accompli. Dès 781 les plus jeunes fils de l'empereur, Pépin et Louis, avaient été sacrés rois par le pape Hadrien, l'un pour l'Italie et l'autre pour l'Aquitaine [2]. Il eût été bien dangereux de modifier l'ordre de choses établi. L'Église ne semble avoir fait, à ce moment, aucune tentative pour maintenir l'unité politique de l'empire. Quant à Charlemagne, il brisa cette unité sans hésitation, sans regret apparent; il obéit simplement à une tradition.

Les pays de l'empire furent répartis de la façon suivante : le plus jeune des rois, Louis, eut l'Aquitaine avec la Gascogne, les *pagi* ou comtés burgondes de l'Ouest et du Midi, la Provence et la Septimanie ou Gothie ; Pépin reçut l'Italie ou Lombardie, la Bavière et l'Alamannie orientale ; Charles, l'aîné, eut tout le reste [3].

Quelle règle Charlemagne a-t-il observée dans ce partage? La séparation des races ne l'a pas beaucoup préoccupé [4]; il s'est contenté d'agrandir les deux royaumes d'Italie et d'Aquitaine qui existaient déjà. Tout en réservant à son fils aîné une part plus forte de territoire, il a soin d'assurer l'indépendance des deux autres de telle sorte qu'ils n'aient pas à subir la suprématie de leur frère [5]. Chaque royaume touche

1. Contin. de Frédégaire, c. 110, 136. V. Meyer, ouvr. cité, p. 3-7.
2. *Ann. Lauriss.* 781 (Pertz, *Scriptores* t. I).
3. *Divisio regnorum*, ibid. art. 1-3. V. — Longnon, *Atlas historique de la France*, planche V et texte, p. 50.
4. Les historiens allemands eux-mêmes le reconnaissent. Waitz, ouvr. cité, t. IV, p. 655 : « Auf nationale Verhæltnisse ist so keine Rücksicht genommen. » Cf. Meyer, ouvr. cité, p. 11, note 3.
5. Waitz, t. IV, p. 655 « Uebrigens soll jedem der Sœhne offenbar das gleiche Recht an seinem Antheil zu stehen. » Cf. Dummler, ouvr. cité, t. I, p. 21.

par quelque côté à la mer et aux frontières de l'empire ; il est aussi contigu aux deux autres royaumes. De cette façon chaque roi possède un pays ouvert et a ses deux frères à la fois pour voisins. Ils peuvent tous trois se porter un prompt secours en cas de danger; c'est dans ce but, cela est dit formellement, qu'on a ménagé à chacun d'eux une route pour le passage de ses troupes à travers les Alpes [1]. Tous leurs intérêts sont ainsi sauvegardés. En outre les frontières communes ont été exactement tracées afin d'éviter toute contestation à ce sujet; les fleuves ou les montagnes qu'elles longent, les comtés qu'elles limitent sont indiqués avec une singulière précision.

Les dispositions qui suivent montrent que l'empereur n'avait alors aucune arrière-pensée et qu'il acceptait franchement la tradition de ses ancêtres. Il décide que, si l'un de ses fils meurt avant ses frères, son royaume sera partagé entre les survivants. Tous les cas ont été prévus : quel que soit celui des rois qui meure le premier, le nouveau partage est arrêté d'avance [2]. Si le défunt laisse un fils et que le peuple veuille que ce fils hérite du royaume, ses oncles ne pourront pas s'y opposer [3].

En réglant ainsi par avance tous les détails de sa succession, l'empereur n'a qu'un souci, comme il le dit dans le

1. Art. 3 : *Ita ut Karolus et Hludowicus viam habere possint in Italiam ad auxilium ferendum fratri suo, si ita necessitas extiterit, Karolus per vallem Augustanam quæ ad regnum ejus pertinet, et Hluduwicus per vallem Segusianam, Pippinus vero et exitum et ingressum per Alpes Noricas atque Curiam.*

2. Art. 4 : Si c'est l'aîné qui meurt le premier, sa part sera divisée de façon que Louis et Pépin occupent respectivement les pays attribués à Charlemagne et à son frère Carloman dans le partage de 768. M. Meyer (ouvr. cité, p. 12, note 4) a donné, selon nous, une interprétation inexacte de cet article, en disant que le partage de 768 doit être, dans ce cas, rétabli purement et simplement; l'ancienne frontière ne sera rétablie que partiellement, dans les pays qui formaient la part de Charles. Louis et Pépin conserveront chacun leur royaume de 806.

3. Art. 5 : Waitz a prétendu, en s'appuyant sur cet article, que les frères du roi défunt avaient à hériter de lui autant de droits que leurs neveux (*Deutsche Verfassungsgesch.* IV, p. 276). En fait il dépendait des grands que les fils du défunt entrassent en possession de l'héritage de leur père; mais Charlemagne reconnaît implicitement leurs droits.

préambule : éviter que des querelles ne s'élèvent entre ses fils après sa mort. La même préoccupation lui a dicté les mesures qui forment la deuxième partie de l'acte de Thionville. L'historien Eginhard les nomme très justement *constitutions en vue du maintien de la paix* [1]. Voici en effet comment s'exprime Charlemagne : « Nous désirons que la paix règne toujours entre nos fils; c'est pour cela que nous défendons qu'aucun d'eux essaie d'empiéter sur le territoire de son frère, y fasse une criminelle incursion dans le but de jeter le trouble dans son royaume ou de reculer ses frontières; que chacun d'eux, au contraire, aide les autres et leur porte secours contre leurs ennemis, dans la mesure du possible, soit à l'intérieur du pays, soit au dehors [2] ».

L'empereur ne s'en tient pas là; il prévoit bien d'autres causes de conflits et s'efforce de les supprimer par de sages conseils. Il recommande à ses fils de ne pas accueillir l'*homme* de leur frère qui, pour ses fautes ou pour tout autre motif, chercherait à se réfugier dans leur royaume ou réclamerait leur intercession ; le droit d'asile ou d'intercession ne servira aux coupables que dans le royaume de leur seigneur [3]. Les rois se comporteront de même à l'égard de tout homme libre qui quitterait son seigneur pour passer dans un autre royaume ; ni les rois ni leurs vassaux ne pourront le rece-

1. Cette division du capitulaire de Thionville en deux parties distinctes est indiquée par les premiers mots de l'art. 6 : *Post hanc nostræ auctoritatis dispositionem placuit... statuere atque præcipere...* — Eginhard n'a pas manqué de faire cette distinction dans le récit qu'il a fait du plaid de 806 (Annales d'Eginhard, a. 806) : *Conventum habuit imperator... de pace constituenda et conservanda inter filios suos et divisione regni facienda in tres partes..... De hac partitione et testamentum factum et constitutiones pacis conservandæ causa factæ.*

2. Art. 6 : *Placuit inter prædictos filios nostros statuere atque præcipere, propter pacem quam inter eos perpetuo permanere desideramus, ut nullus eorum fratris sui terminos vel regni limites invadere præsumat neque fraudulenter ingredi ad conturbandum regnum ejus vel marcas minuendas, sed adjuvet unusquisque illorum fratrem suum et auxilium illi ferat contra inimicos ejus, juxta rationem et possibilitatem, sive infra patriam sive contra exteras nationes.*

3. Art. 7.

voir [1]. Après la mort de Charlemagne les *hommes* de ses fils ne pourront posséder de bénéfice que dans le royaume de leur seigneur, « de peur que, s'il en était autrement, cela ne produise des querelles [2] ». Il importe, en effet, au maintien de la bonne harmonie [3] que chacun ne se mêle que de ses propres affaires et qu'aucune contestation ne puisse survenir, pas plus à propos des personnes qu'à propos des territoires. Mais comme le bénéfice seul, et non la propriété héréditaire, lie le vassal à son seigneur [4], chacun peut garder ses biens patrimoniaux en quelque royaume qu'ils soient situés [5]. Tout homme libre dont le seigneur vient à mourir peut en choisir un autre dans l'un des trois royaumes à son gré; de même celui qui ne s'est encore recommandé à personne [6]. Charlemagne montre encore une sage prévoyance lorsqu'il défend à ses fils d'acheter ou de recevoir de qui que ce soit, dans un autre royaume que le leur, des biens immobiliers, tels que terres, vignes, forêts, serfs établis sur un domaine *(casati)*. Cette défense ne s'adresse qu'aux rois et non à leurs sujets; elle ne concerne pas les achats d'or, d'argent, de pierres précieuses, d'armes, de vêtements, de serfs non fixés sur un domaine, de tous objets de commerce en général [7].

On vient de voir que l'empereur, tout en marquant des limites très nettes entre les royaumes de ses fils, dans l'intérêt de la paix, n'entend gêner en aucune façon les relations

1. Art. 8.

2. Art. 9 : *Ne forte per hoc, si aliter fuerit, scandalum aliquid possit accidere.*

3. Dans deux manuscrits la phrase suivante est ajoutée à l'art. 8 : *Hoc non solum de liberis sed etiam de servis fugitivis statuimus observandum, ut nulla discordiis relinquatur occasio.*

4. Waitz soutient, contre Roth et Faugeron, que la concession d'un bénéfice engendre le rapport de vassalité (ouvr. cité, IV, p. 261. 362-364) : s'il en était autrement on ne comprendrait pas la disposition contenue dans l'art. 9.

5. Art. 9.

6. Art. 10.

7. Art. 11 : C'est pour la même raison que Charlemagne a détaché de la Bavière les deux *villæ* d'Ingolstadt et de Lauterhofen, données autrefois en bénéfice au duc Tassilon et qui formaient deux enclaves dans le *pagus* de Nordgau. V, ibid., art. 2-3.

entre leurs sujets; il les facilite même, afin de rapprocher et de fondre ensemble le plus possible les diverses races de l'empire. Ses fils donneront leur consentement aux mariages entre personnes qui appartiennent à deux royaumes différents. « Il faut, dit-il, autoriser ces échanges et laisser les peuples s'unir par des alliances de famille. » Les femmes une fois mariées garderont la jouissance des biens qu'elles possédaient dans leur pays d'origine [1].

Au sujet des gens qui sont gardés comme ôtages en divers endroits et de ceux qui sont bannis pour crime, Charlemagne prêche aux rois une entente amicale. Chacun d'eux, avant de renvoyer à ses frères les ôtages ou les bannis qui se trouvent dans son royaume, s'assurera de leur consentement; à l'avenir ils se rendront mutuellement le service d'en recevoir d'autres [2].

Toujours attentif à prévenir les querelles, l'empereur veut que, s'il se produit des difficultés, en dépit de ses précautions, elles soient résolues par des moyens pacifiques. « Si une discussion s'élève à propos des limites des royaumes, et que le témoignage des hommes ne suffise pas pour éclaircir l'affaire et terminer le débat, nous voulons qu'on recherche la vérité et la volonté divine dans l'épreuve de la croix ; mais jamais en aucune affaire de ce genre la bataille ne sera prononcée [3]. » De même, si une infraction aux présents statuts vient à être commise par faute ou ignorance, les trois frères devront s'appliquer dans le plus bref délai à la réparer selon

1. Art. 12 : *Si quæ autem feminæ sicut fieri solet, inter partes et regna legitime fuerint ad conjugium postulatæ, non denegentur juste poscentibus, sed liceat eas vicissim dare et accipere, et adfinitatibus populos inter se sociari.*

2. Art. 13 : *In futurum in suscipiendis obsidibus alter alteri mutuum ferat auxilium.*

3. Art. 14 : *Si causa vel intentio sive controversia talis inter partes propter terminos aut confinia regnorum orta fuerit, quæ hominum testimonia declarari vel definiri non possit, tunc volumus, ut ad declarationem rei dubiæ judicio crucis Dei voluntas et rerum veritas inquiratur, nec unquam pro tali causa cujuslibet generis pugna vel campus ad examinationem judicetur.*

la justice, de peur que le moindre retard n'aggrave le mal causé [1].

En ce qui touche les rapports des rois avec l'Église et avec le pape, Charlemagne trace, en ces termes, les devoirs de ses fils : « Avant tout nous ordonnons que les trois frères se chargent ensemble du soin et de la défense de l'Église de Saint-Pierre, comme l'ont fait jadis notre aïeul Charles, le roi Pépin, notre père, d'heureuse mémoire, comme nous l'avons fait après eux ; qu'ils s'efforcent de la défendre avec l'aide de Dieu contre ses ennemis et de faire respecter ses droits, autant qu'ils le doivent et que la raison l'exigera. Pareillement, à l'égard des autres églises qui sont sous leur dépendance, qu'ils fassent en sorte qu'elles conservent leurs droits et leurs honneurs, et que ceux qui ont la surveillance et le gouvernement des lieux saints continuent à jouir des biens attachés à ces églises, en quelque royaume qu'ils soient situés [2] ».

Ainsi le patronat exercé à Rome et dans l'État pontifical par les Carolingiens fait en quelque sorte partie du patrimoine de leur famille. Charlemagne, au lieu de le réserver à celui de ses fils qui portera le titre d'empereur, le lègue à tous trois comme l'héritage de ses ancêtres. Il convient de remarquer la situation particulière de l'Église romaine à côté des autres églises. Son territoire n'est compris dans aucun des trois royaumes et reste en dehors du partage [3] ; le

1. Art. 16 : *Præcipimus ut quam citissime secundum justitiam emendare studeant, ne propter dilationem majus damnum possit adcrescere.*

2. Art. 15 : *Super omnia autem jubemus atque præcipimus, ut ipsi tres fratres curam et defensionem ecclesiæ S. Petri suscipiant simul..... ut eam cum Dei adjutorio ab hostibus defendere nitantur et justitiam suam, quantum ad ipsos pertinet et ratio postulaverit, haberr faciant. Similiter et de cæteris ecclesiis quæ sub illorum fuerint potestate præcipimus, ut justitiam suam et honorem habeant et pastores atque rectores venerabilium locorum habeant potestatem rerum quæ ad ipsa loca pia pertinent, in quocumque de his tribus regnis illarum ecclesiarum possessiones fuerint.*

3. C'est ce qu'on voit à l'art. 4 de la *Divisio regnorum*, qui règle le partage du royaume d'Italie entre Charles et Louis, dans le cas où Pépin mourrait avant ses frères.

pape est traité en souverain à peu près indépendant [1].

Charlemagne se préoccupe également du sort de ses filles et de ses petits-fils. Les premières seront libres de choisir, après la mort de leur père, celui de leurs frères qui leur servira de tuteur. Si l'une d'elles veut embrasser la vie monastique, elle en a le droit ; celles qui seraient demandées en mariage et qui auraient du goût pour la vie conjugale, demanderont le consentement de leurs frères qui ne pourront le refuser [2]. Les rois traiteront avec douceur leurs fils et leurs neveux. « Aucun de ceux-ci, pour quelque motif que ce soit, ne subira, sur une simple accusation et sans examen sérieux, la mort, la mutilation, la perte de la vue, la réclusion forcée dans un cloître. Nous voulons qu'ils soient honorés auprès de leurs pères et de leurs oncles, mais qu'ils leur témoignent en tout la parfaite soumission qui est due à de tels parents [3] ». On voit que Charlemagne a gardé le souvenir de ces drames de famille, dont les chroniqueurs mérovingiens nous ont laissé le récit et qu'il craint le retour de pareilles cruautés [4].

1. Remarquer l'opposition exprimée dans la seconde partie de l'art. 15 : *De ceteris ecclesiis quæ sub illorum fuerint potestate.* — D'après Gregorovius (*Gesch. der Stadt Rom*, 2e édit. 1869, t. II, p. 459-460), le pape Léon III, lorsqu'à son avènement il promettait fidélité à Charlemagne, le reconnaissait comme son *Oberherr*. Le pape conservait la *Landeshoheit* dans l'État de Saint-Pierre; son autorité reposait sur l'immunité épiscopale : « On peut, dit Gregorovius, appeler l'État de l'Église romaine une grande ou la plus grande immunité épiscopale. »

2. Art. 17 : Cette tutelle exercée en commun par des rois sur leurs sœurs est conforme à la tradition. Après la mort de Clovis, le roi des Wisigoths, Amalaric, demanda à ses fils la main de leur sœur Clotilde et l'obtint. V. Grégoire de Tours, III, 1.

3. Art. 18 : *Ut nullus eorum per quaslibet occasiones quemlibet ex illis apud se accusatum sine justa discussione atque examinatione, aut occidere, aut membris mancare, aut excæcare, aut invitum tondere faciat, sed volumus, ut honorati sint apud patres et patruos suos, et obedientes sint cum omni subjectione, quam decet in tali consanguinitate esse.* Charlemagne avait lui-même fait tondre et enfermer au monastère de Prüm un de ses fils naturels, accusé de complot contre sa personne. Il ne voulait pas que cet acte de rigueur, sans doute justifié, fût imité trop facilement par ses fils. V. Eginhard, *Vita Karoli*, cap. 20.

4. On sait que Charlemagne se faisait lire les historiens. Eginhard, *Vita Karoli*, cap. 24 (édition *in usum scholarum*, p. 21) : *Legebantur ei historiæ et antiquorum res gestæ.*

Les rois devront observer scrupuleusement toutes les dispositions que leur père jugerait bon d'ajouter, dans leur intérêt commun, aux précédentes [1]. Charlemagne déclare, en terminant, se réserver, tant qu'il vivra, la plénitude de l'autorité comme roi et comme empereur. Il entend que ses fils et tout son peuple « continuent à lui montrer, jusqu'à sa mort, l'obéissance absolue que des fils doivent à leur père et que des sujets doivent à leur empereur et roi [2]. »

En faisant ce règlement, l'empereur avait, semble-t-il, l'esprit dominé par une idée : il comprenait les dangereux inconvénients de la coutume des partages et, tout en se conformant à cette coutume, il cherchait à en atténuer les effets. D'une part il marque des limites aussi nettes que possible entre les trois royaumes, il assure à chacun de ses fils une complète indépendance ; mais, de l'autre, il s'efforce de les rapprocher, il les exhorte à la paix, à la charité mutuelle, il veut qu'ils s'entr'aident. Les mesures que renferme le capitulaire de Thionville doivent, dans la pensée de Charlemagne, suppléer à l'absence d'unité politique dans l'empire, en y maintenant une certaine unité morale qui profitera au bien de tous, aux rois, à leurs sujets, à l'Église. Cette idée reparaît dans l'instruction qui fut rédigée à la même époque pour les *missi* : « Que tout le peuple promette, dit l'empereur, d'adhérer aux statuts que nous avons faits en vue de la *paix par la concorde* entre nos fils [3]. »

Ce dessein n'était pas nouveau. Nous avons pu reconnaître, en lisant le règlement qui précède, que l'influence de la tradition et des souvenirs du passé était très forte sur l'esprit de Charlemagne. Peut-être, lorsqu'il essayait de fonder ce régime de concorde, l'empereur suivait-il encore une tra-

1. Art. 19.

2. Art. 20 : *Ut obedientes habeamus prædictos filios nostros atque Deo amabilem populum nostrum, cum omni subjectione quæ patri a filiis et imperatori ac regi a suis populis exhibetur.*

3. *Capitul. missorum*, 806 (Boretius, p. 131), art. 2 : *Ut ea quæ inter filios nostros propter pacis concordiam statuimus pleniter omnes consentire debeant.*

dition. Nous n'avons plus malheureusement les règlements de partage antérieurs à 806 [1] ; mais certains textes de l'époque mérovingienne laissent supposer que, dès les premiers temps de la monarchie franque, l'Église se servit des préceptes de l'Évangile, des idées de fraternité chrétienne, pour unir les rois sans cesse divisés par des questions de partage [2]. La sécurité du royaume, l'ordre à l'intérieur dépendaient de cette union. Deux fils de Clovis, les rois Childebert et Clotaire prennent en commun des mesures en vue de l'ordre public [3]. Ils décident que les agents chargés de poursuivre les malfaiteurs pourront aller et venir entre leurs communes provinces : « car entre nous, disent-ils, la *charité fraternelle* a formé, grâce à Dieu, un lien indestructible [4]. » Environ trente ans après, en 587, le roi Gontran et son neveu Childebert font ensemble le célèbre traité d'Andelot [5]. Ils commencent par déclarer qu'ils se sont réunis par *esprit*

1. Pourtant certains textes de la *Vita Karoli* d'Eginhard, où il est question de ces partages, méritent quelque attention. A l'occasion du partage que fit Charles Martel de la mairie du palais entre ses deux fils, le biographe de Charlemagne dit (*Vita Karoli*, cap. 2) . *Hunc (honorem) cum Pippinus, pater Karoli regis, ab avo et patre sibi et fratri Karlomanno relictum, summa cum eo concordia divisum*. Plus loin (ibid. cap. 3), après avoir rappelé le partage de 768, il ajoute : *Mansitque ista, quamvis cum summa difficultate, concordia, multis ex parte Karlomanni societatem separare molientibus*..., et quelques lignes plus bas : *Karlomannus, post administratum communiter biennio regnum*... Il est curieux de voir revenir, à propos de chaque partage du royaume franc, l'idée d'une union, d'une certaine communauté entre les rois.

2. Grégoire de Tours (*Hist. Francor*. liv. V, Préambule), déplorant les querelles incessantes des rois francs, leur adresse ce reproche : *Unum vobis deest, quod pacem non habentes, Dei gratiam indigetis*. Cf. *Vita Radegundis*, II, 11. La reine priait, *ut inter se non bella nec arma tractarent, sed pacem firmarent, ne patria periret*. — L'étude des actes privés fournit un rapprochement curieux avec les actes publics. Voir, dans le recueil de Marculf, la formule des partages de succession (*Textes relatifs.. aux époques mérovingienne et carolingienne, publiés par M. Thévenin*, 1887, n° 16) : *Pactum inter parentes de hereditate eorum... Inter illo et germano suo illo de alode genetoribus eorum illis bonæ pacis placuit adque convenit, ut eam inter se, manente caritate, dividere vel exæquari deberint*. Cf. ibidem, n° 53.

3. *Pactus pro tenore pacis* (Boretius, p. 4-7).

4. *Quia propiciante Domino inter nos germanitatis caritas indisruptum vinculum custoditur*.

5. Boretius, *Capitularia*, p. 12-14. Voir l'analyse qu'en a faite récemment Fustel de Coulanges (*La monarchie franque*, p. 607-612).

d'amour (caritatis studio), pour régler toutes les questions qui pouvaient engendrer querelle entre eux [1]. En présence de Diéu, des évêques et des grands, ils ont résolu que, toute leur vie durant, ils se garderaient l'un à l'autre la *foi et l'amour* en toute pureté et simplicité [2]. Les affaires traitées dans cette entrevue ont beaucoup d'analogie avec celles qui font l'objet du règlement de Thionville. Les deux rois se partagent la succession du roi Caribert, frère de Gontran [3]. Ils conviennent de se léguer mutuellement leur royaume, s'ils ne laissent pas de fils [4]. Quand l'un d'eux mourra, ils promettent de prendre sous leur tutelle, Childebert, la fille de Gontran, et Gontran, la reine Brunehaut, mère de Childebert ainsi que la sœur et la veuve de celui-ci [5]. Le roi Gontran garantit aux fils de son neveu l'héritage de leur père [6]. Viennent ensuite des clauses relatives à la situation des leudes. Ceux qui, à la mort de Clotaire Ier, ont juré fidélité à l'un de ses fils Gontran et Sigebert, puis, violant leur serment, ont quitté l'un pour suivre l'autre, seront rendus à leur seigneur légitime. Les deux rois prennent l'engagement de ne pas chercher à s'enlever l'un à l'autre leur leudes, et de repousser ceux qui viendraient à eux en trahissant leur foi [7]. Ils confirment les donations faites aux églises [8]; ils promettent à leurs fidèles de respecter leurs droits et les propriétés qu'ils possèdent dans les deux royaumes [9]. Enfin, ils décident que leurs sujets circuleront librement entre les deux royaumes, pour affaires publiques ou privées, et la raison

1. *Ut omnia quæ undecumque inter ipsos scandalum poterant generare pleniori consilio definirent.*

2. *Id inter eos, mediantibus sacerdotibus atque proceribus, Deo medio, caritatis studio sedit, placuit atque convenit, ut .. fidem et caritatem puram et simplicem sibi debeant conservare.*

3. Cf. *Divisio regnorum* 806. art. 1-3.

4. Cf. ibid., art. 4.

5. Cf. ibid., art. 17.

6. Cf. ibid., art. 5.

7. Cf. ibid., art. 7-8.

8. Cf. ibid., art. 15.

9. Cf. ibid., art. 9.

qu'ils en donnent, c'est qu'ils sont *unis ensemble, au nom de Dieu, par les liens de la concorde en toute pureté et simplicité*[1]. Ainsi la concorde des rois effaçait, dans une certaine mesure, les frontières entre les royaumes francs; l'unité morale de la monarchie survivait au partage du territoire et de l'autorité royale[2].

Le langage tenu par les rois francs dans les textes que nous venons de citer n'est que l'écho de la doctrine prêchée par l'Église franque, celle qu'on trouve exposée dans les ouvrages des Pères, particulièrement dans la *Cité de Dieu* de saint Augustin. La société chrétienne, conçue à l'image du royaume de Dieu, doit tendre ici-bas à réaliser la concorde idéale, celle qui règne entre les membres de la cité céleste. Elle y parviendra si chacun aime le prochain comme un frère, s'il l'aide en toute occasion, s'il s'abstient de toucher à ses droits ou à sa propriété, s'il est fidèle aux engagements qu'il a contractés envers lui, s'il s'efforce de vivre en paix avec son prochain[3].

Il est très fréquent de rencontrer dans les actes publics l'expression de cette idée. Au temps de Charlemagne, un synode d'évêques prend la résolution suivante : « Unis par un lien indissoluble d'amour réciproque, il convient que nous honorions Dieu, notre Père céleste, d'une voix unanime, et que nous maintenions fermement entre nous la *paix par la concorde*, qui s'impose continuellement à tout le peuple chrétien[4]. » Cette conception toute religieuse de l'ordre et de la

1. Boretius, p. 14 : *Quia inter præfatos reges pura et simplex est in Dei nomine concordia illigata.*

2. V. Waitz, *Deutsche Verfassungsgesch.* 2e édit. t. II, p. 113-116,

3. Sur cette doctrine l'Église a essayé, dans la seconde partie du IXe siècle, de construire toute une théorie politique. Lire à ce sujet les derniers chapitres de l'intéressant ouvrage de M. Em. Bourgeois, *Le capitulaire de Quiersy-s.-Oise*, 1883.

4. Boretius, *Capitul.*, p. 226 : *Ideoque convenit supradictam congregationem sanctam... statuere in invicem indissolubili vinculo caritatis, ut unanimes uno ore honorificare Deum patrem in cœlis et concordiam pacis inter se perpetuo jure firmare, quod universo populo christiano indesinenter conservare oportet.*

paix générale a laissé des traces nombreuses dans les capitulaires de Charlemagne [1]. Le premier conseil que l'empereur adresse aux grands, aux évêques, aux comtes et aux autres fonctionnaires, c'est d'être pacifiques et de pratiquer la charité les uns à l'égard des autres : « Que la *paix, la concorde, l'union* règnent dans tout le peuple chrétien entre les évêques, les abbés, les comtes, les fonctionnaires et les personnes de toute condition, parce que *sans la paix rien ne plaît à Dieu*..... Il est commandé dans la loi sainte : Tu aimeras ton prochain comme toi-même, et dans l'Évangile : Heureux les pacifiques, parce qu'ils seront appelés les fils de Dieu. Et ailleurs : On connaîtra que vous êtes mes disciples, en ce que vous vous aimerez les uns les autres [2]. » Ce sont les mêmes principes qui doivent, d'après les statuts de Thionville, présider aux relations des rois francs.

Ces statuts reçurent une grande publicité ; il n'y manqua, en apparence, aucune garantie. Les grands les confirmèrent par serment [3] ; les prédécesseurs de Charlemagne avaient toujours soumis à l'approbation des *optimates* leurs règlements de partage [4]. De plus, tous les hommes libres durent y donner leur adhésion, que les *missi* furent chargés, cette année là, de recueillir [5]. Enfin l'empereur les fit porter au pape qui les ratifia en y apposant sa signature [6].

1. Il est curieux de noter que Charlemagne se plaisait particulièrement à la lecture de la *Cité de Dieu*. V. Eginhard. *Vita Karoli*, c. 24. *Delectabatur et libris S. Augustini, præcipue his qui de Civitate Dei prætitulati sunt.*

2. *Admonitio generalis*, 789. c. 62 (Boretius, p. 58) : *Ut pax sit et concordia et unanimitas cum omni populo christiano inter episcopos, abbates, judices et omnes ubique seu majores seu minores personas, quia nihil Deo sine pace placet*... Cf. *Capitul. missorum* 802, c. 14 (Ibid. p. 94) : *Capitul. missor. speciale* 802, c. 31 (Ibid. p. 103) ; *Capitul. missor.* 803, c. 4 (Ibid. p. 150 et 152).

3. Annales d'Eginhard. 806 : *De hac partitione et testamentum factum et jurejurando ab optimatibus Francorum confirmatum.*

4. V. Chronique de Frédégaire, c. 76. Contin. de Frédégaire, c. 110, 136. *Ann. Mettenses* 741, 768.

5. *Capitul. missor. Niumagæ* 806, c. 2 (Boretius, p. 131) : *Et insuper omnes denuo repromittant ut ea quæ inter filios... statuimus, pleniter omnes consentire debeant.*

6. Annales d'Eginhard, 806 : *Hæc omnia litteris mandata sunt et Leoni papæ, ut his sua manu subscriberet, per Einhardum missa. Quibus pontifex lectis et adsensum præbuit et propria manu subscripsit.*

La mort prématurée de Charles et de Pépin vint bientôt les rendre inutiles. Toutefois, comme ils étaient l'œuvre du grand empereur, et que celui-ci les avait faits conformes à la tradition [1], ils continuèrent à être respectés et eurent une influence très sensible sur les règlements de succession ultérieurs.

On a été fort surpris que Charlemagne n'ait pas réglé en 806 la transmission du titre impérial ; il n'en est pas question dans le capitulaire de Thionville. Le silence de l'empereur a été diversement interprété. L'historien Lehuérou accuse Charlemagne d'indifférence à l'égard de son empire, dont il semble abandonner les destinées au hasard, comme s'il en pressentait la ruine prochaine [2]. Selon d'autres, il n'osait pas d'abord disposer de la dignité impériale, soit qu'elle lui parût toute personnelle [3], soit qu'il craignît d'en faire un sujet de discorde entre ses fils [4]. Pourtant ses idées s'étaient modifiées sur ce point, lorsqu'en 813 il couronna empereur son fils Louis. Si l'on songe qu'il n'avait pas alors d'autre héritier [5] et que ses inquiétudes n'avaient plus de raison d'être, la dernière hypothèse devient vraisemblable. Mais elle ne nous satisfait pas plus que les précédentes.

On sait, en effet, quelle fut, à partir du 25 décembre de l'an 800, la conduite de Charlemagne vis-à-vis de la cour de Byzance [6]. Il mit tout en œuvre pour faire reconnaître son titre d'empereur par les souverains grecs : ce fut l'unique

1. Ce caractère traditionnel a été remarqué par Dummler, ouvr. cité, p. 21.
2. Lehuérou, *Hist. des institutions carolingiennes*, 1843, p. 367.
3. Dœllinger, *Das Kaiserthum Karls des Grossen*, 1865, p. 367. Waitz (t. IV, p. 656), propose la même explication, mais sans se prononcer. Dans un autre endroit (t. III, p. 273, note 2), il cite, à l'appui de son opinion, le texte du serment que Charlemagne s'est fait prêter après son couronnement et dans lequel il n'est pas question de ses fils. Mais l'argument n'a pas une grande valeur : la dignité impériale n'étant pas divisible, Charlemagne n'aurait pu faire prêter serment qu'à l'un de ses fils, en l'associant à l'empire par un acte spécial.
4. Dœllinger, ouvr. cité, p. 367.
5. Pépin était mort le 8 juillet 810, et Charles, le 4 décembre 811. V. Richter, *Annalen der deutschen Geschichte*, t. II (1885), p. 185, 191.
6. V. Harnack, *Das karolingische und das byzantinische Reich*... Gœttingen, 1880, p. 41-58.

objet de ses négociations avec eux. Eût-il montré cette ténacité dans ses réclamations, s'il avait été résigné à ne point transmettre à l'un de ses enfants la dignité impériale, à la laisser s'éteindre avec lui? Cela n'est pas admissible. Nous croyons qu'en 806 il la destinait à son fils aîné Charles [1], sans y attacher toutefois d'autre privilège que la possession d'un territoire plus étendu [2]. La tradition, qu'il respectait, voulait que chacun de ses fils eût l'autorité royale dans les pays dont se composait sa part. La suprématie que l'on voyait encore dans l'idée de l'empire ne pouvait être que nominale [3]; l'empereur n'entendait point subordonner Louis et Pépin à leur frère aîné [4].

1. Certains textes peuvent faire supposer que c'était l'opinion des contemporains. Les auteurs s'adressent à Charles; Alcuin lui dit : *sequens excellentissimi patris tui exempla... quatenus divina clementia illius benedictionem te hereditario jure possidere concedat.* (Jaffé, *Bibl. rerum germanicarum*, t. VI, p. 789). Cf. *Theodulf. carm.* 35, v. 31-34 (ibid. p. 527) : *ut patrias valeas rutilus conscendere sedes || atque juvante deo sceptra tenere manu.* — Toutefois il est difficile de voir dans ces phrases une allusion claire à la succession impériale.

2. Dans tous les partages prévus dans le règlement de Thionville, la part la plus grande est toujours attribuée à Charles. V. *Divisio* 806, art. 1-4. Il semble, à lire les écrivains contemporains, que toute la réalité de l'empire soit contenue dans un titre : *Ann. Lauresh.* 801 (Pertz : *Scriptores*, t. Ier) : *Et quia jam tunc cessabat a parte Græcorum nomen imperatoris.* — *Ann. Lauriss.* 801 : *Ablato patricii nomine, imperator et augustus est appellatus.* — *Chron. Moissiac.* 801 : *Quod apud Græcos nomen imperatoris cessasset, et femina... sibi nomen imperii usurparit.* Cf. Eginhard. *Vita Karoli*, cap. 16, 18, 29. — Les historiens ne disent pas que Charlemagne a transmis à son fils les droits impériaux ou l'empire, mais le titre d'empereur, *nomen imperiale, nomen imperii*, V. *Ann. Einhardi*, 813; Eginhard, *Vita Karoli*, c. 30; Thegan, *Vita Hludowici*, c. 6. La possession d'un simple titre est l'unique objet du débat entre Charlemagne et l'empereur Nicéphore, plus tard entre Louis II et l'empereur Basile Ier. Voir la réponse de Louis II à Basile dans Pertz, *Scriptores*, t. III, p. 523.

3. On était habitué depuis de longs siècles, en Occident, à envisager de cette façon l'autorité impériale. Giesebrecht (*Gesch. d. deutsch. Kaiserzeit*, 4e édit. 1873, t. I, 1re partie, p. 124) et Gregorovius (*Gesch. d. Stadt Rom*, t. II, p. 498) reconnaissent tous deux que la puissance impériale, à l'époque de Charlemagne et de ses successeurs, est conçue d'une manière tout idéale. Charlemagne n'acquit point, par son couronnement, des pouvoirs nouveaux sur les pays qu'il gouvernait comme roi; il y gagna seulement plus de prestige et de majesté. Le serment qu'il exigea, à cette occasion, de tous les hommes libres, ne diffère pas de celui qu'il s'était fait prêter comme roi : il y apporta seulement plus de solennité. V. Boretius, *Capitul.*, p. 92, 101.

4. Himly, *Wala et Louis le Débonnaire*, p. 86.

Charlemagne ajournait donc simplement la désignation de son successeur. Il attendait sans doute, pour donner plus d'éclat au couronnement de son fils, que son titre impérial eût reçu, par l'adhésion du souverain de Constantinople, une consécration définitive. Depuis trois ans, les deux cours d'Orient et d'Occident avaient cessé tous rapports. Mais l'annexion à l'empire carolingien de Venise et du littoral dalmate, les périls de tout genre dont l'empereur Nicéphore était entouré, devaient bientôt décider celui-ci à un rapprochement avec Charlemagne. Les négociations furent rouvertes en 810; elles aboutirent, au milieu de l'année 812, à un traité qui donnait satisfaction à Charlemagne [1]. Des envoyés de la cour d'Orient vinrent à Aix-la-Chapelle le saluer du titre de *Basileus,* que la chancellerie byzantine réservait exclusivement à l'héritier légitime des Césars [2]. Mais, à cette date, Charles, le futur empereur, était mort, ainsi que son frère Pépin; ce fut le roi d'Aquitaine, Louis, qui recueillit la succession impériale.

Au mois de septembre de l'année suivante, Charlemagne, averti par l'âge et la maladie de sa fin prochaine, appela auprès de lui son fils et réunit dans le palais d'Aix un grand nombre d'évêques, d'abbés, de ducs, de comtes et d'autres

1. Harnack, ouvr. cité, p. 51-55. Le traité fut conclu entre Charlemagne et l'empereur Michel, qui venait de succéder à Nicéphore : Charlemagne rendait à l'empereur d'Orient la Vénétie et les ports dalmates. — L'idée d'une union fraternelle entre les deux empereurs servit alors à effacer la division de l'empire, comme elle atténuait le partage du royaume franc. Eginhard, *Vita Karoli*, c. 16 : *Fœdus firmissimum statuit, ut nulla inter partes cujuslibet scandali remaneret occasio.* Charlemagne, en écrivant aux souverains de Byzance, les traite de *frères : Epist. ad Nicephor : legatum fraternitatis tuæ... suscepimus ; Epist. ad Michael. : dilecto et honorabili fratri Michaeli* (Jaffé, *Bibl. rer. germanic.*, t. IV, p. 394, 415); cf. Eginhard, *Vita Karoli*, cap. 28. Plus tard Louis II écrit à l'empereur Basile (Pertz, *Scriptores*, t. III, p. 522) : *Unum est imperium... cujus pars est ecclesia constituta in terris, quam tamen Deus nec per te solum nec per me tantum gubernari disposuit, nisi quia sumus tanta ad invicem caritate connexi, ut non jam divisi sed unum existere videamur.* On voit que l'unité de l'empire subsistait toujours en théorie. M. Gasquet a le premier rapproché le traité franco-byzantin de 812 des pactes de fraternité conclus par les princes carolingiens. (*L'empire byzantin et la monarchie franque,* pp. 301, 306, 313).

2. Gasquet, p. 297.

fonctionnaires. Il les interrogea tous, depuis le plus élevé en dignité jusqu'au plus humble, demandant à chacun s'il consentait à ce que le titre d'empereur passât à Louis. Après ce simulacre d'élection, il procéda, le dimanche suivant, au couronnement de Louis dans l'église d'Aix, en présence des évêques et de tous les grands. Il fit promettre à son successeur d'aimer et de craindre Dieu, d'observer en tout ses préceptes, de gouverner ses églises et de les défendre contre les méchants, de traiter avec bonté ses sœurs et ses plus plus jeunes frères, les fils naturels de l'empereur, ses neveux et tous ses parents, d'honorer les prêtres comme des pères, de chérir ses sujets comme des fils [1]. Puis il plaça sur la tête de Louis la couronne impériale [2], et le peuple poussa des acclamations en l'honneur du nouvel empereur, comme avaient fait les Romains, le jour du couronnement de Charlemagne [3].

La même année, le vieil empereur donna une nouvelle preuve de son attachement aux traditions de sa famille. Le roi d'Italie, Pépin, avait laissé un fils nommé Bernard. La loi franque n'admettait pas la représentation du petit-fils dans l'hérédité d'un grand-père, à moins d'une disposition spéciale de ce dernier [4]; de plus Bernard était un enfant naturel [5]. Malgré cela Charlemagne lui laissa une part du patrimoine de Pépin, le royaume de Lombardie [6]. Dès l'an-

1. Eginhard, *Vita Karoli*, cap. 30; Thegan. *Vita Hludov.*, cap. 6.

2. C'est la version d'Eginhard. D'après Thégan, Charlemagne aurait invité son fils à se couronner de ses propres mains.

3. *Chron. Moissiac.* 813. — Eginhard dit que cette cérémonie rehaussa au dehors le prestige de l'empire franc (*Vita Karoli*, cap. 30 : *Auxitque majestatem ejus hoc factum et exteris nationibus non minimum terroris incussit*). Des chants en ont conservé le souvenir, ce qui prouve qu'elle avait vivement frappé l'imagination populaire. V. Gaston Paris, *La littérature française au Moyen Age*, 1888, p. 67.

4. Voir la formule usitée dans ce cas dans les *Textes relatifs aux institutions... carolingiennes*, publiés par M. Thévenin, nº 13.

5. Thegan, *Vita Hludov.*, cap. 22 : *Bernhardus, filius Pippini, ex concubina natus*. Les enfants naturels étaient, en principe, exclus de la royauté. Lire dans Eginhard (*Vita Karoli*, cap. 20) le récit de la tentative de révolte d'un bâtard de Charlemagne. Quelques-uns des grands l'avaient entraîné *vana regni promissione*.

6. Eginhard, *Vita Karoli*, cap. 19 : *filio defuncto, nepotem patri succedere*

née 812, Bernard avait été envoyé en Italie [1]. L'année suivante, à l'occasion du couronnement de Louis, il fut confirmé dans son gouvernement et dans la possession du titre royal [2]. Ainsi, à la veille de la mort de Charlemagne, aucun changement n'avait été encore apporté au droit successoral de la monarchie franque.

II

A l'avènement de Louis le Pieux, en 814, son neveu Bernard vint lui jurer fidélité [3]. Le sens de cet acte nous paraît très clair. On a vu que Charlemagne s'était réservé, sa vie durant, l'autorité pleine et entière sur tout l'empire, et qu'il avait exigé de ses fils une soumission absolue à ses ordres [4]; il avait imposé le même devoir à ses petits-fils vis-à-vis de leur père ou de leurs oncles [5]. Sa mort ne changeait donc rien à la situation de Bernard qui resta placé, vis-à-vis du nouvel empereur, dans le même rapport d'étroite dépendance [6];

fecisset. Cf. *Translatio S. Viti* (Jaffé, *Bibl.*, I,7) : (Adalhard fut chargé) *ut regnum Langobardorum gubernare deberet, donec filius Pippini, Bernhardus nomine, cresceret*. Dans ce passage d'Eginhard (*Vita Karoli*, cap. 30) : *Hludowicum... consortem sibi totius regni... constituit*, *regnum* doit s'entendre du seul royaume des Francs.

1. *Ann. Lauriss.* 812.

2. *Ann. Einhardi*, 813 : *Bernhardum nepotem suum filium Pippini, filii sui, Italiæ præfecit et regem appellari jussit*. Depuis le mois d'avril 813, Bernard porte sur les diplômes le titre de *rex Langobardorum* (Bœhmer, *Reg. imperii*, édit. Mühlbacher, n° 496b).

3. Thegan, *Vita Hludov.*, cap, 12 : *Eodem tempore* (placite d'Aix, août 814) *venit Bernhardus, filius fratris sui Pippini, et tradidit semet ipsum ei ad procerem* (un autre manuscrit porte : *ad obsequium*) *et fidelitatem cum juramento promisit*.

4. *Divisio regnorum*, 806, art. 20.

5. Ibid., art. 18.

6. Tout rapport d'obéissance prend alors la forme d'un contrat de vassalité. Bernard est vis-à-vis de son oncle dans la même situation que ses cousins vis-à-vis de leur père. Voir les paroles que Paschase Radbert prête à Louis le Pieux, s'adressant à ses fils, *Vita Walæ* II. 17 (Pertz, *Scriptores*, II, p. 563) : *Mementote quod mei vasalli estis, mihique cum juramento fidem firmastis*.

il ne chercha pas à en sortir, du moins pour le moment.

Vers la même époque, Louis, à l'exemple de son père, envoya deux de ses fils gouverner certaines parties de l'empire avec le titre de rois : Lother, l'aîné, fut roi de Bavière ; le second, Pépin, roi d'Aquitaine [1]. L'Aquitaine formait déjà un royaume particulier, la Bavière avait été longtemps indépendante sous le gouvernement de ses ducs ; le choix de ces deux pays s'explique aisément. Le dernier fils de l'empereur, Louis, vu son jeune âge, resta à la cour,

Trois ans après, Louis le Pieux, effrayé par un accident où il faillit être tué [2], songea à son tour à régler sa succession. On a conservé son règlement qu'on désigne sous le titre de *Ordinatio imperii*, et qu'il est intéressant de comparer à celui de Thionville [3].

Le préambule en fait déjà connaître les traits essentiels et l'esprit qui l'a inspiré : « Au nom du Seigneur Dieu et de notre Sauveur Jésus-Christ, Louis, empereur auguste par la grâce de la Divine Providence. L'an de l'Incarnation 817, au mois de juillet, comme nous avions réuni, suivant l'usage, dans notre palais d'Aix-la-Chapelle un pieux synode et une assemblée générale de notre peuple pour discuter les affaires de l'Église et de tout l'empire, au milieu de ce travail nos fidèles, poussés par une soudaine inspiration de Dieu, nous engagèrent à profiter de notre santé et de la paix générale pour nous occuper, selon la coutume de nos pères, de l'organisation du royaume tout entier et du sort de nos fils. Bien que ce conseil fût inspiré par le dévoûment et la fidélité, nous n'avons pas été d'avis, nous et les hommes de jugement sain, *de briser par une division humaine l'unité de l'empire*,

1. *Ann. Lauriss. majores*, 814 ; *Anon. vita Hludovici*, cap. 24. — Simson a soutenu (*Ludwig der Fromme*, t. I, p. 29), d'après le texte des Annales de Lorsch et celui des *Ann. Lauriss. min.* (*constituit filios suos duces*) que Lother et Pépin ne portaient pas encore le titre de rois ; on a la preuve du contraire. V. *Regesta Imperii*, édit. Muhlbacher. p. 218.

2. Le 9 avril 817, le portique de bois, qui unissait l'église Sainte-Marie d'Aix-la-Chapelle au palais, s'écroula au moment où l'empereur le traversait avec sa suite : Louis eut de légères contusions.

3. Boretius, *Capitul.* t. I, p. 270-273.

en cédant à notre tendresse paternelle, *dans la crainte de provoquer un scandale dans la sainte Église et d'offenser celui de qui dépendent tous les royaumes* [1]. » De ces premières lignes il ressort deux faits. D'abord, il y avait en présence, dans l'entourage de l'empereur, deux opinions très distinctes, deux partis nettement opposés l'un à l'autre. Parmi les conseillers de Louis, plusieurs, qui subissaient l'influence de la tradition et de l'exemple de Charlemagne, le poussaient à partager l'empire entre ses fils. Mais les plus sages *(hi qui sanum sapiunt)* étaient d'avis de maintenir l'unité de la monarchie ; ce furent ceux-ci qui l'emportèrent. On voit d'autre part que ces partisans de l'unité appartenaient à l'Église ou tout au moins étaient dirigés par elle, cela se reconnaît à la nature des arguments qu'ils invoquent.

Continuons notre lecture : « C'est pourquoi nous jugeâmes nécessaire de demander à Dieu par des jeûnes, des prières, des distributions d'aumônes, ce que notre faiblesse n'osait prendre sur elle-même. Au bout de trois jours, il arriva, par la volonté du Dieu tout-puissant, croyons-nous, que notre vœu et celui de tout le peuple se rencontrèrent dans l'élection de notre fils aîné Lother. Eclairés par cette preuve de la grâce divine, nous résolûmes, nous et tout le peuple, de le couronner, suivant l'usage, du diadème impérial, et de l'instituer notre collègue et, s'il plaît à Dieu, notre successeur à l'empire [2]. » Les partisans de l'unité étaient fort pressés, cela se

1. *Ordinatio imperii* 817 (Boretius, p. 270) : *Subito divina inspiratione actum est ut nos fideles nostri ammonerent, quatenus manente nostra incolomitate et pace undique a Deo concessa de statu totius regni et de filiorum nostrorum causa more parentum nostrorum tractaremus. Sed quamvis hæc admonitio devote ac fideliter fieret, nequaquam nobis nec his qui sanum sapiunt visum fuit, ut amore filiorum aut gratia unitas imperii a Deo nobis conservati divisione humana scinderetur, ne forte hac occasione scandalum in sancta ecclesia oriretur et offensam illius in cujus potestate omnium jura regnorum consistunt incurreremus.*

2. Ibid. p. 271 : *Nutu omnipotentis Dei, ut credimus, actum est, ut et nostra et totius populi nostri in dilecti primogeniti nostri Hlutharii electione vota concurrerent. Itaque taliter divina dispensatione manifestum placuit et nobis et omni populo nostro more solemni imperiali diademate coronatum nobis et consortem et successorem imperii, si Dominus ita voluerit, communi voto constitui.*

conçoit, de faire désigner et associer tout de suite à l'empire le futur héritier de toute la monarchie. Il fallait habituer les grands à son autorité, surtout à l'idée que cette autorité s'étendait sur tout l'empire.

Il convient de rapprocher de ce paragraphe l'article final des statuts, qui règle la transmission du pouvoir impérial, dans le cas où Lother viendrait à mourir sans enfants. Louis le Pieux fait appel au dévoûment de son peuple, à la sincérité et à la fermeté de sa foi qui lui ont valu un renom presque universel, afin qu'il fasse choix de l'un des frères de Lother pour remplacer celui-ci, « dans l'intérêt du salut commun, de la tranquillité de l'Église et de l'unité de l'empire. » Les formes qu'on a suivies, lors de l'élection de Lother, le seront encore à cette occasion, car « dans le choix d'un empereur il faut chercher à remplir la volonté de Dieu et non celle des hommes [1]. » On voit d'après cela que l'empire se transmettait suivant les lois ordinaires de l'hérédité, mais à une seule personne et sans tenir compte de la primogéniture [2]. Le choix de l'empereur était remis, en apparence, au peuple tout entier, pour obéir à la tradition romaine. Avant l'élection on procédait à une sorte de consultation de la volonté divine [3]. Ce détail s'explique par l'idée qu'on se faisait alors des devoirs impériaux. Du moment que l'empereur avait pour mission de protéger l'Église de Dieu et la religion chrétienne, il était tout naturel qu'on demandât d'abord à Dieu de désigner son élu.

1. *Ordinatio imperii*, art. 18 (Ibid., p. 273) : *Monemus etiam totius populi nostri devotionem et sincerissimæ fidei pene apud omnes gentes famosissimam firmitatem, ut, si is filius noster qui nobis divino nutu successerit, absque legitimis liberis rebus humanis excesserit, propter omnium salutem et ecclesiæ tranquillitatem et imperii unitatem in elegendo uno ex liberis nostris, si superstites fratri suo fuerint, eam quam in illius electione fecimus conditionem imitentur, quatenus in eo constituendo non humana sed Dei quæratur voluntas adimplenda.*

2. Dümmler, ouvr. cité, t. I, p. 22 et note 1.

3. L'archevêque de Lyon, Agobard, dans sa *Flebilis epistola* (Migne, t. 104, p. 288) fait le récit suivant du placite de 817 : *Dixistis vos velle... nomen imperatoris uni ex tribus filiis vestris imponere, in quo voluntatem Dei quoquo modo cognoscere potuissetis. Propter quam cognoscendam, injunxistis ut facerent omnes jejunium triduanum.*

Voyons la suite du préambule : « Quant aux frères de Lother, Pépin et Louis, d'un commun avis il fut décidé qu'ils porteraient le titre de rois et qu'on leur réserverait les pays ci-dessous indiqués pour y exercer, après nous, le pouvoir royal sous l'autorité de leur frère aîné, conformément aux articles énumérés plus bas qui règlent les rapports que nous établissons entre eux [1]. » Après avoir proclamé l'empire indivisible, l'empereur consent donc à laisser à ses fils puînés une part de son héritage. C'est qu'il juge nécessaire de faire une concession à la coutume ; il faut examiner quelle en est l'importance.

Regardons d'abord le peu d'étendue qu'ont les royaumes de Pépin et de Louis. Le premier comprend l'Aquitaine, ses annexes, le Toulousain et la Gascogne, plus quatre comtés, celui de Carcassonne en Septimanie, ceux d'Autun, d'Avallon, de Nevers en Burgundie [2]. Le second se compose de la Bavière, à laquelle on a rattaché les peuples tributaires de l'Est, les Carinthiens, les Bohémiens, les Avares [3]. Les territoires qui formaient en 806 la part des fils puînés de Charlemagne étaient de beaucoup plus vastes. Ceux-ci sont de simples apanages détachés du domaine impérial. On n'observera pas pour la transmission de ces deux royaumes les règles habituelles. Si l'un des deux rois meurt sans laisser de fils légitimes, sa part ne sera point divisée entre ses frères, mais reviendra tout entière à l'aîné [4]. Si le défunt laisse plusieurs fils, ceux-ci ne se partageront pas davantage la succession

1. *Ordinatio imperii*, p. 271 : *Ceteros vero fratres ejus, Pippinum videlicet et Hludowicum æquivocum nostrum communi consilio placuit regiis insigniri nominibus, et loca inferius denominata constituere, in quibus post decessum nostrum sub seniore fratre regali potestate potiantur juxta inferius adnotata capitula, quibus, quam inter eos constituimus, conditio continetur.*

2. Ibid., art. 1.

3. Ibid., art. 2. Cf. Longnon, *Atlas historique de la France*, planche VI ; texte, p. 67-68. Il est inexact que les Slaves de l'Elbe et de la Vistule relèvent de Louis le Germanique, comme l'indique la carte de M. Longnon. Voir à ce sujet Dümmler, *Gesch. der ostfrænk. Reiches*, 2e édit, t. I. p. 27-28.

4. *Ordinatio imperii*, art. 15 : *Si vero absque legitimis liberis aliquis eorum decesserit, potestas illius ad seniorem fratrem revertatur.*

paternelle; un seul la recueillera, celui que le peuple aura choisi, toujours sous l'inspiration de Dieu [1]. Enfin, pour déguiser la légère atteinte que l'existence de ces deux royaumes porte au principe même de l'unité, on les désigne non par le terme de *regna*, mais par celui de *potestates* [2]. Ils forment pour ainsi dire de simples provinces de l'empire dont les administrateurs ont le titre de rois [3].

Louis et Pépin sont, en effet, placés sous les ordres de leur frère aîné *(sub seniore fratre)*. Il ne s'agit pas là d'une suprématie purement nominale. Lother tient ses frères dans une dépendance réelle. Ils doivent, une fois l'an, en temps opportun, lui rendre visite; ils viendront ensemble ou l'un après l'autre, suivant que les circonstances le permettront. Ils tiendront conseil avec l'empereur sur les mesures urgentes à prendre, sur les questions qui touchent à l'intérêt commun ou au maintien de la paix. Ils apporteront avec eux des dons [4]. Si l'un d'eux, retenu par un obstacle insurmontable, ne peut venir à l'époque habituelle, il en avertira son frère et lui fera remettre ses dons par ses envoyés; à condition toutefois de venir en personne, sitôt qu'il le pourra, sans se retrancher derrière des prétextes futiles [5]. Ces dons annuels sont en quelque sorte le signe de la subordination

1. Ibid., art. 14 : *Si vero aliquis illorum decedens legitimos filios reliquerit, non inter eos potestas ipsa dividatur, sed potius populus... unum ex eis, quem Dominus voluerit, eligat.*

2. Ibid., art. 3 : *Hi duo fratres... in cunctis honoribus intra suam potestatem distribuendis.* Cf. art. 9, 14, 15. Le mot *regnum* n'est employé qu'une fois dans l'article 16.

3. Le mot *potestas* désigne souvent, dans les actes publics, la circonscription d'un fonctionnaire. V. *Capitula legi addenda*, art. 14 (Boretius, p. 284): *Minora placita comes sive intra suam potestatem vel ubi impetrare potuerit, habeat.*

4. *Ordinatio imperii*, art. 4 : *Item volumus, ut semel in anno tempore opportuno vel simul vel singillatim juxta quod rerum conditio permiserit, visitandi et videndi et de his quæ necessaria sunt et quæ ad communem utilitatem vel ad perpetuam pacem pertinent... tractandi gratia ad seniorem fratrem cum donis suis veniant.*

5. Ibid. : *Et si forte aliquis illorum, qualibet inevitabili necessitate impeditus, venire tempore solito et opportuno nequiverit, hoc seniori fratri legatos et dona mittendo significet; ita duntaxat ut cum primum possibilitas congruo tempore adfuerit, venire qualibet cavillatione non dissimulet.*

des deux frères qui se trouvent par là assimilés aux autres fidèles de l'empereur [1]; on sait que ces dons avaient alors le caractère d'une contribution régulière et obligatoire [2].

Lother conserve la haute main sur la direction des affaires extérieures de l'empire. Les deux rois ne peuvent engager une guerre ni conclure la paix sans prendre son avis et son consentement. Mais il ne l'attendront pas pour repousser une brusque agression, une irruption soudaine de l'ennemi sur leur territoire [3]. S'ils reçoivent une ambassade d'un peuple étranger et qu'il s'agisse d'un traité à négocier, d'une guerre à conduire, de places à recevoir, ils s'abstiendront de répondre aux envoyés sans avoir consulté leur frère. Pour les autres cas, ils feront eux-mêmes la réponse [4]. Toutefois ils auront soin de porter à la connaissance de Lother tout ce qui se passe à la frontière de leur pays, afin qu'il soit toujours prêt aux mesures exigées par la situation et l'intérêt du royaume [5].

Dans les affaires intérieures les rois sont un peu plus libres. Ils disposent de tous les *honneurs*, c'est-à-dire des évêchés, des abbayes, des comtés, à la condition de respecter les lois ecclésiastiques et de ne consulter, pour les fonctions civiles, que le mérite et la capacité des personnes [6]. Ils perçoivent,

1. Meyer, *Die Theilungen...*, p. 19.
2. Waitz, *Deutsche Verfassungsgesch.* t. IV, p. 107.
3. *Ordin. imperii*, art. 7 : *Item volumus ut nec pacem nec bellum contra exteras et huic a Deo conservato imperio inimicas nationes absque consilio et consensu senioris fratris ullatenus suscipere præsumant. Impetum vero hostium subito insurgentium vel repentinas incursiones juxta vires per se repellere studeant.*
4. Ibid., art. 8 : *De legatis vero si ab exteris nationibus vel propter pacem faciendam vel bellum suscipiendum vel civitates aut castella tradenda, vel propter alias quaslibet majores causas directi fuerint, nullatenus sine senioris fratris conscientia ei respondeant vel eos remittant... De levioribus sane causis juxta qualitatem legationis per se respondeant.*
5. Ibid. : *Illud tamen monemus ut quomodocumque se res in confinibus eorum habuerint, semper ad senioris fratris notitiam perferre non neglegant, ut ille semper sollicitus et paratus inveniatur ad quæcumque necessitas et utilitas regni postulaverit.*
6. Ibid., art. 3 : *Volumus ut hi duo fratres... in cunctis honoribus... propria potestate potiantur, tantum ut in episcopatibus et abbatiis ecclesiasticus ordo teneatur, et in ceteris honoribus dandis honestas et utilitas servetur.*

dans les limites de leur province, les tributs, les cens et les revenus des mines, afin de pouvoir subvenir aux besoins de leurs royaumes, et de présenter à leur frère aîné des dons plus convenables [1].

Mais l'empereur est investi, à leur égard, d'un droit de surveillance et d'une sorte de juridiction morale. S'il arrivait que l'un d'eux abusât de son pouvoir pour opprimer les églises et les pauvres, semer la division et « se conduire en tyran », Lother devrait l'avertir, d'abord discrètement, de réparer ses torts et, après trois avertissements, s'il persiste, le faire comparaître devant lui en présence de son autre frère pour le réprimander « avec l'amour d'un père et d'un frère. » S'il ne tenait pas compte de ses salutaires avis, un conseil se réunirait pour décider de son sort afin que le coupable sur lequel les remontrances n'auraient eu aucun effet, cédât à l'autorité impériale et à la décision de l'assemblée [2].

Même en dehors de ces cas exceptionnels les deux rois sont placés sous la tutelle de leur frère aîné. Si, à la mort de leur père, ils n'ont pas atteint l'âge fixé par la loi Ripuaire, Lother les gardera près de lui et se chargera de gouverner leurs parts [3]. Quand ils seront en âge de se marier, il ne pourront le faire sans son consentement [4]. Ils ne partagent pas avec lui, comme l'aurait voulu le règlement de Thionvilie, la tutelle des au-

1. Ibid., art. 12 : *De tributis vero et censibus vel metallis quicquid in eorum potestate exigi vel haberi potuerit, ipsi habeant, ut ex his in suis necessitatibus consulant, et dona seniori fratri deferenda melius præparare valeant.*

2. Ibid., art. 10 : *Si autem... evenerit, ut aliquis illorum propter cupiditatem rerum terrenarum... aut divisor aut oppressor ecclesiarum vel pauperum extiterit, aut tyrannidem... exercuerit, primo secreto secundum Domini præceptum per fideles legatos semel bis et ter de sua emendations commoneatur, ut si his renisus fuerit, accersitus a fratre coram altero fratre paterno et fraterno amore moneatur et castigetur. Et si hanc salubrem admonitionem penitus spreverit, communi omnium sententia, quid de illo agendum sit decernatur ut quem salubris admonitio a nefandis actibus revocare non potuit, imperialis potentia communisque omnium sententia coerceat.* — Cet article ne s'adresse qu'aux deux rois; si on avait quelque doute à cet égard, à cause de l'expression *si aliquis illorum*, il suffirait de lire les articles suivants où elle se trouve aussi et pour lesquels aucun doute n'est possible.

3. *Ordin. imperii*, art. 16.

4. Ibid., art. 13.

tres membres de leur famille; c'est à Lother seul que ce soin est confié. Si l'un d'eux vient à mourir en laissant plusieurs fils, Lother traitera comme son frère et son fils celui de ses neveux qui sera choisi par le peuple, et, l'élevant à la dignité paternelle, il observera de tous points à son égard le présent règlement [1]. Quant aux autres enfants il s'entendra avec l'autre roi pour qu'ils soient élevés dans leur entourage [2]. Si le défunt ne laisse que des fils naturels, Lother se montrera pour eux plein de pitié [3].

En résumé, Pépin et Louis ne gouvernent pas à eux deux le tiers du territoire de l'empire ; encore leurs royaumes ne sont-ils pas leur propriété, puisqu'ils échappent aux règles concernant les héritages. Pépin et Louis n'y sont rois que de nom [4] : leurs pouvoirs ont été restreints de façon à ne laisser qu'à Lother l'autorité souveraine et la direction suprême de l'empire. Tels sont les moyens dont on s'est servi pour concilier le maintien de l'unité avec la coutume des partages. « Vous aviez réservé à vos fils puînés certaines parties du royaume, dit à Louis le Pieux l'archevêque Agobard, mais vous aviez mis au-dessus d'eux celui avec lequel vous partagiez le titre d'empereur, afin qu'il n'y eût pas trois royaumes, mais un seul [5]. »

Le neveu de l'empereur, Bernard, est encore moins favorisé ; le règlement ne le nomme point mais il renferme un article ainsi conçu : « Le royaume d'Italie restera soumis en

1. Ibid., art. 14 : *Hunc senior frater in loco fratris et filii suscipiat, et honore paterno sublimato, hanc constitutionem erga illum modis omnibus conservet.*

2. Ibid. : *De ceteris vero liberis... pertractent qualiter eos more parentum nostrorum salvent et cum consilio habeant.*

3. Ibid., art. 15.

4. Il convient de remarquer ces mots de l'art. 3 : *hi duo fratres qui regis nomine censentur.* Meyer, ouvr. cité, p. 20, compare Louis et Pépin à de simples margraves ou gardes-frontières.

5. Agobard, *Flebilis epistola* (Migne, 104, 288) : *Ceteris filiis vestris designastis partes regni vestri, sed ut unum regnum esset, non tria, prætulistis eum quem participem nominis vestri fecistis.* — Cette différence essentielle entre les deux règlements de 806 et de 817 est bien marquée dans la thèse de Himly. *Wala et Louis le Debonnaire*, p. 85-86.

tout à notre fils Lother (si Dieu consent à ce qu'il nous succède), comme il l'a été à notre père et qu'il l'est encore à nous-même par la volonté de Dieu [1]. » La situation de Bernard ne paraît pas changée ; mais il perd tous les droits qu'il tenait de son aïeul Charlemagne. L'exclusion prononcée contre les fils illégitimes des rois s'applique bien à lui ; il n'exercera donc jamais le pouvoir royal en son propre nom ; il obéira à son cousin, devenu empereur, comme un simple fonctionnaire impérial.

A côté de ces dispositions qui marquent un changement très sensible dans les règles successorales du royaume franc, d'autres articles sont empruntés directement aux statuts de 806. Une phrase tout entière de l'article final de ces statuts est reproduite mot pour mot dans le préambule : Louis le Pieux, à l'exemple de son père, déclare vouloir exercer jusqu'à sa mort le pouvoir souverain [2]. Pa· l'article neuf, il défend comme l'a fait déjà Charlemagne, que les vassaux de ses fils détiennent des bénéfices hors du royaume de leur seigneur, « afin d'éviter les discordes [3] ; » mais ils pourront conserver leurs biens héréditaires en quelque partie de l'empire que ce soit. Tout homme libre a le droit, s'il n'a pas de seigneur, de se recommander à l'un des rois [4]. L'article onze décide que les églises de la *Francia* continueront à jouir de leurs biens situés en Aquitaine, en Italie, ou dans toute autre province de l'empire, ainsi qu'elles l'ont fait sous Charlemagne et qu'elles peuvent encore le faire [5]. L'article treize autorise les unions entre sujets de deux régions diffé-

1. *Ordin. imperii*, art. 17 : *Regnum vero Italiæ eo modo prædicto filio nostro, si Deus voluerit ut successor noster exsistat, per omnia subjectum sit, sicut et patri nostro fuit, et nobis Deo volente præsenti tempore subjectum manet.*

2. Ibid., p. 271 : *Salva in omnibus nostra imperiali potestate super filios et populum nostrum, cum omni subjectione quæ patri a filiis et imperatori ac regi a suis populis exhibetur.* Cf. *Divisio* 806 (Boretius, p. 130).

3. *Ordin. imperii*, art. 9 : *Propter discordias evitandas.* Cf. *Divisio* 806, art. 9.

4. Ibid. Cf. *Divisio* 806. art. 10.

5. Cf. *Divisio* 806, art. 15.

rentes de l'empire, « afin de resserrer par ce moyen les liens de la paix [1]. »

Louis le Pieux n'oublie pas non plus de rappeler à ses fils les devoirs de la concorde chrétienne. Il les engage à régler leurs affaires communes « avec un amour fraternel réciproque [2]. » Il veut que Lother, lorsqu'il recevra les dons annuels de ses deux frères, leur en fasse à son tour de plus généreux, « en s'inspirant de la piété et de la tendresse fraternelles [3]. » S'ils réclament son aide contre les peuples étrangers, il devra, suivant les circonstances, se porter en personne à leur secours ou leur envoyer tout au moins ses fidèles avec des troupes [4]. Enfin il est défendu à Pépin et à Louis de prendre pour femmes des étrangères, « afin de supprimer les occasions dangereuses et de prévenir les discordes [5]. »

Ces analogies entre les statuts de 806 et ceux de 817 se comprennent aisément. Les dispositions maintenues par Louis le Pieux, les exhortations qu'à l'exemple de son père il adresse à ses fils avaient encore leur utilité dans le règlement nouveau. Louis et Pépin ne devaient pas se résigner facilement à leur situation. Ils essaieraient sans doute de se prévaloir de la coutume pour réclamer les mêmes droits que leur frère aîné; la suprématie de Lother devait leur paraître gênante et les obligations qu'on leur imposait à son égard, bien lourdes à remplir. Il était naturel que l'empereur songeât à prévenir tous les incidents qui pouvaient altérer les bons rapports déjà difficiles entre les trois frères, et surtout à leur inspirer des sentiments de tolérance et d'affection mutuelles [6].

Cette préoccupation est déjà visible dans les lignes qui

1. *Propter pacem artius conligandam*. Cf. *Divisio* 806, art. 12.

2. *Ordin. imperii*, art. 4 : *Mutuo fraterno amore*.

3. Ibid., art. 5 : *Ipse illos pio fraternoque amore largiori dono remuneret*.

4. Ibid., art. 6.

5. Art. 13 : *Illud tamen, propter discordias evitandas et occasiones noxias auferendas, cavendum decernimus, ut de exteris gentibus nullus illorum uxorem accipere præsumat*.

6. Un poète du temps, Walafrid Strabon, cherche à montrer à Louis le Ger-

terminent le préambule. « Ces articles ont été conçus, dit l'empereur, en vue de l'*intérêt de l'empire, du maintien de la paix entre nos fils et de la défense de l'Église;* après avoir été discutés en commun avec tous nos fidèles, ils ont été rédigés par notre ordre, et nous y avons mis notre signature afin que, Dieu aidant, ces articles qui sont l'expression d'un vœu unanime, soient inviolablement respectés de tous, pour la paix perpétuelle de nos fils et celle de tout le peuple chrétien [1]. » Mais le maintien de la concorde entre les rois n'est plus évidemment, comme en 806, l'objet principal des statuts. Il s'agit avant tout, cette fois, de régler la succession impériale de la manière la plus conforme aux intérêts de l'Église et de l'empire [2]. Telle est la véritable pensée de Louis le Pieux. A ce moment il semble que la dignité impériale commence à effacer de son prestige la vieille royauté franque [3]. Louis le Pieux a mis de côté le titre de *roi des Francs et des Lombards* que Charlemagne n'avait pas quitté; il s'intitule seulement l'*empereur auguste* [4]. Au-dessus de la règle traditionnelle il place le principe de l'*unité de l'empire*. Son premier soin, après avoir proclamé ce principe, est de désigner l'héritier de toute la monarchie et de l'associer à son pouvoir impérial. S'il laisse à ses plus jeunes fils le titre

manique que, grâce à la concorde, il participe dans une certaine mesure à la majesté impériale (*Poetæ latini*, éd. Dümmler dans les *Monum. german.*, II, 375) :

Dignum quidem referes nomen virtute paternum
Quanquam cura minor, tamen est tibi gloria consors,
Nec doleas, quod gaza negat, concordia præstat.

1. *Ordin. imperii* (Boretius, p. 271) : *Quæ capitula propter utilitatem imperii et perpetuam inter eos pacem conservandam et totius ecclesiæ tutamen cum omnibus fidelibus nostris considerare placuit et considerata conscribere et conscripta propriis manibus firmare ut Deo opem ferente sicut ab omnibus communi voto actum est, ita communi devotione a cunctis inviolabiliter conserventur ad illorum et totius populi christiani perpetuam pacem.*

2. Dümmler, ouvr. cité, I, pp. 21-22.

3. Il y a un curieux rapprochement à faire entre les termes du préambule de 806 et ceux de l'*Ordinatio imperii* de 817. Dans le premier on lit : *Regni consortes habere, imperii vel regni nostri heredes relinquere;* dans la seconde : *consortem et successorem imperii.*

4. *Ordin. imperii*, p. 270 : *Hludowicus divina ordinante providentia imperator augustus.* Cf. l'en-tête de la *Divisio* de 806 (Boretius, p. 126).

de rois avec une partie de son héritage, il confère à l'aîné un pouvoir supérieur, de telle sorte que l'unité de direction de tout l'empire ne soit en aucune façon compromise.

On connaît les noms de ceux qui dirigeaient alors le parti de l'unité et qui furent les inspirateurs du règlement d'Aix-la-Chapelle. Ils sont revêtus pour la plupart de hautes dignités ecclésiastiques, ce qui confirme l'hypothèse que nous formulions tout à l'heure. Parmi eux on distingue le chancelier Elisachar, qui gouvernait plusieurs monastères, l'archichapelain Hilduin, abbé de Saint-Denis, l'archevêque de Lyon, Agobard, enfin Adalhard et Wala, deux cousins de l'empereur qui furent l'un et l'autre abbés de Corbie [1]. Wala et Agobard sont les chefs de ce groupe. Le premier avait été l'un des principaux ministres de Charlemagne; tombé en disgrâce à l'avènement de son fils, il reprit au bout de quelques années sa place dans le conseil. Il n'avait pas encore regagné la faveur impériale, lors du plaid de 817 ; ce furent néanmoins ses idées qui prévalurent dans cette occasion. Les hautes fonctions qu'il avait exercées, son expérience du gouvernement lui donnaient une autorité prépondérante : il était vraiment la tête du parti [2]. Agobard en était l'organe ; c'était par ses écrits que l'archevêque de Lyon servait la cause de l'unité. On a de lui plusieurs opuscules, presque tous composés au milieu de la lutte que lui et ses amis entreprirent, quelques années plus tard, en faveur des statuts de 817 [3].

Les hommes de ce parti n'ont point en vue seulement les intérêts de l'Église. Ils font valoir sans doute la nécessité, pour les églises, d'avoir leur indépendance garantie, et de jouir, à l'égard de leurs domaines, d'une sécurité, d'une

1. Voir sur ce parti Himly, ouvr. cité, pp. 94-97.

2. C'est à M. Himly que revient le mérite d'avoir mis en relief le caractère de Wala et bien marqué le rôle que ce personnage a joué pendant le règne de Louis le Pieux.

3. V. Ebert, *Hist. de la littérature latine au Moyen Age*, traduct. française, t. II.

liberté absolues [1]. Mais ils ont surtout un sentiment très juste et très profond des besoins de l'empire franc. Ils songent à assurer la défense des frontières, l'ordre et la paix à l'intérieur. Ils considèrent avec raison que le maintien de l'unité affermira le pouvoir, donnera à l'empereur plus d'autorité et de prestige, tandis que les partages affaibliront la monarchie et l'exposeront à sa ruine [2]. Certains de leurs arguments, d'une nature tout ecclésiastique, méritent quelque attention. Un partage de l'empire leur semblerait une offense à la majesté divine, puisque le Sauveur a dit : « Tout royaume divisé en lui-même sera en proie à la désolation [3]. » Ils ont dû invoquer ce texte de l'Évangile, à l'appui de leurs prétentions, dans le conseil où fut discuté le règlement de 817 [4]. Une lettre d'Agobard à l'empereur contient ces mots : « L'unité, cette grande œuvre de Dieu [5]. » Aux yeux de cet archevêque, le peuple chrétien obéissant à une même loi, à une même autorité, présente une image plus parfaite de la Cité divine [6]. Lui et Wala voient dans l'unité politique l'une des conditions de cette concorde idéale que l'Église travaillait à établir dans le monde chrétien [7].

1. *Vita Walæ*, II, 10 (Pertz, *Scriptores*, II, 557) : *Ob ecclesiarum liberationem, ob integritatem rerum et dispensationem facultatum ecclesiarum.*

2. Agobard, *Flebilis epistola* (Migne, t. 104, p. 238) : *Quod ad stabilimentum regni pertinet et ad robur regiminis; Vita Walæ*, II, 10 (Pertz, *Scriptores*, II, 557) : *Ob monarchiæ firmitatem et principatus laudem... voluit ut unitas et dignitas totius imperii maneret ob defensionem patriæ.*

3. *Vita Walæ*, II, 10 : *Voluit... providere tam gloriosum regnum et christianissimum ne divideretur in partes, quoniam juxta Salvatoris vocem, omne regnum in seipsum divisum desolabitur.*

4. Voir le préambule de *l'Ordinatio imperii* : *nequaquam... visum fuit ut... unitas imperii... scinderetur, ne forte... offensam illius in cujus potestate omnium jura regnorum consistunt, incurreremus.* Cf. Dümmler, ouvr. cité, I, p. 23.

5. *Epist. advers. legem Gundobadi* (D. Bouquet, t. VI, p. 356) : *huic tantæ divinæ operationis unitati.*

6. Ibid. : *Utinam placeret omnipotenti Deo ut sub uno piissimo rege una omnes regerentur lege!... Valeret profecto multum ad concordiam Civitatis Dei.*

7. *Vita Walæ*, II, 10 : *Quatenus tutam et tranquillam secundum Deum vitam omnes viverent; electio* (il s'agit de l'élection de Lother en 817)... *inconcussa maneret ob pacis concordiam*. Telles sont les vues prêtées à Wala par son biographe.

Ces idées toutefois n'étaient point, on l'a vu plus haut, comprises de tous les grands. Si les partisans de l'unité persuadèrent aisément le pieux empereur, en éveillant ses scrupules religieux, ils ne réussirent pas à abolir un usage constamment suivi depuis trois siècles, auquel le fondateur de l'empire lui-même n'avait pas essayé de se soustraire. Le règlement de Thionville lui avait donné une consécration récente. Les concessions faites au passé dans les statuts de 817 sont une preuve de l'influence que la tradition exerçait encore sur les esprits. La suite des événements achèvera de le faire voir.

Aucune résistance ne paraît s'être produite lors du placite d'Aix-la-Chapelle; dans ces sortes d'assemblées la volonté de l'empereur faisait loi [1]. Les textes nous disent que les grands donnèrent une approbation unanime au projet arrêté d'avance dans le conseil impérial [2]. Mais quelques mois s'étaient à peine écoulés qu'on apprenait la révolte de Bernard. Le roi d'Italie était celui qui perdait le plus dans la nouvelle constitution de l'empire. Après s'être résigné à un rôle subalterne du vivant de son oncle, Bernard comptait bien, à la mort de Louis le Pieux, recouvrer son indépendance, peut-être même se croyait-il autant de droits que Lother à la couronne impériale [3]; et voilà qu'un règlement préparé à son insu le dépouillait de son patrimoine et le réduisait à la condition de sujet. Il protesta par une prise d'armes; plusieurs comtes et même quelques évêques le soutinrent [4]. On con-

1. Il ne faut pas attacher un sens trop précis à ce *consensus totius populi*, dont il est souvent question dans les textes relatifs au règlement de 817. Les grands ne donnaient pas librement leur avis dans une assemblée ou l'empereur parlait en maître. Voir le récit que fait Agobard de la diète d'Aix-la-Chapelle, dans la *Flebilis epistola* (Migne, t. 104, p. 288). Cf. Fustel de Coulanges, *Le gouvernement de Charlemagne* (*Rev. des Deux-Mondes*, 1er janv. 1876).

2. Agobard : *Flebil. epistola : Quod cum paucissimis tractaveritis, omnibus aperuistis*. Cf. *Chronicon Moissiac.*, 817 : *Jussit esse conventum populi... et manifestavit eis mysterium consilii sui quod cogitaverat, ut constitueret unum de filiis suis imperatorem*.

3. Simson, *Ludwig der Fromme*, 1870-74, t. I, p. 113.

4. *Annales d'Eginhard*, 817, 818, Thegan, *Vita Hludovici*, cap. 22. Cf. Himly, ouvr. cité, p. 87-90. — Simson ne voit dans la tentative de Bernard qu'un

naît l'issue malheureuse de cette tentative; si facilement que l'empereur l'ait réprimée, elle n'en éveilla pas moins dans son esprit des inquiétudes. Ses trois frères de naissance illégitime, Drogon, Hugues et Théoderic, furent tonsurés par ses ordres dans la crainte qu'ils n'élevassent aussi quelque prétention à l'héritage paternel [1]. « C'était, nous dit un biographe de Louis le Pieux, dans le but d'apaiser la discorde [2]. » L'irritation très vive que manifestaient déjà contre les statuts d'Aix-la-Chapelle les fils puînés de l'empereur, encore jeunes pourtant, était un symptôme plus grave que la révolte de Bernard [3].

Quatre ans après l'assemblée d'Aix, Louis le Pieux exigea que tous les grands fissent le serment de respecter le nouveau règlement de succession. Les uns furent convoqués à Nimègue, dans l'été de 821, les autres en automne à Thionville [4]. Ils jurèrent fidélité au jeune empereur Lother et promirent obéissance aux statuts de 817 [5]. « Il ne parut alors à personne que ce serment fût inutile; on le trouva au contraire juste et opportun, parce qu'il garantissait *la paix et la concorde* [6]. » C'est Agobard qui tient ce langage; si les défenseurs de l'unité jugeaient alors de telles garanties néces-

complot analogue à celui de Pépin, bâtard de Charlemagne et sans rapport direct avec les décisions prises à Aix-la-Chapelle au mois de juillet. On possède cependant un texte où la relation entre ces deux faits est nettement exprimée, celui de la chronique de Moissac : *Audiens autem Bernardus, quod factum erat...*

1. Nithard, I, 2 : *Hinc autem metuens, ne post dicti fratres populo sollicitato, eadem facerent.* (Nithard vient de parler de la révolte de Bernard). — Simson, ouvr. cité, t. I, p. 127.

2. Thegan, *Vita Hludovici*, cap. 24 : *Eodem tempore, jussit fratres suos tonsurare... discordiam ad mitigandam.*

3. Thegan, ibid., cap. 21 : *Imperator denominavit filium suum Hlutharium ut post obitum suum omnia regna... susciperet atque nomen haberet et imperium patris; ceteri filii ob hoc indignati sunt.*

4. *Ann. Lauriss. maj.* 821 : *constitutam annis superioribus atque conscriptam inter filios suos sui regni partitionem recensuit ac juramentis optimatum confirmavit... Completis his quæ ob regni utilitatem inchoaverat et sacramento quo apud Noviomagum pars optimatum juraverat generaliter consummato.*

5. Agobard, *Flebilis epistola* (Migne, t. 104, p. 290) : *ac deinde jurare omnes jussistis ut talem electionem et divisionem cuncti sequerentur ac servarent.* Cf. *Vita Walæ*, II, 10 (Pertz, *Scriptores*, t. II, p. 557).

6. Agobard, ibid : *Quod juramentum nemini visum est spernendum aut su-*

saires, cela fait supposer qu'ils n'étaient point eux-mêmes très sûrs du succès.

Toutefois, dans les années qui suivirent, le règlement de 817 reçut un commencement d'exécution. Pépin et Louis allèrent prendre le gouvernement de leurs royaumes d'Aquitaine et de Bavière, le premier en 822, le second en 825 [1]; Dans l'intervalle, Lother fut envoyé en Italie. Le pape Pascal Ier couronna le jeune empereur à Rome en 823 [2]; l'Église, dans la personne de son chef, donna ainsi son approbation complète aux décisions du plaid d'Aix-la-Chapelle [3]. A partir de 825 le nom de Lother figura sur les lettres et les diplômes impériaux à côté de celui de son père [4]. L'année précédente, une constitution célèbre avait fixé les rapports de l'empereur et du pape et les droits que le premier possédait sur le territoire de l'État pontifical. Le serment que prêtèrent les Romains à cette occasion commence par ces mots : « Je promets qu'à partir de ce jour je serai désormais, ma vie durant, fidèle à nos seigneurs les empereurs Louis et Lother [5]. » Plus tard le biographe de Wala, Paschase Radbert, fait ainsi parler le jeune empereur : « Quand vous m'avez institué votre collègue à l'empire, dit-il à son père, vous avez partagé avec moi le soin et la défense du Siège Apostolique [6]. » Ainsi le patronat de l'Église romaine, qui devait

perfluum sed potius opportunum atque legitimum eo quod ad pacem et concordiam pertinere videretur.

1. Richter, *Annalen d. frænk. Reiches*, t. II, pp. 236, 250.
2. *Ann. Lauriss. maj.* 823 : *regni coronam et imperatoris et Augusti nomen accepit.*
3. Agobard, *Flebilis epistola : consortem nominis vestri factum Romam misistis, a summo pontifice gesta vestra probanda et firmanda*; *Vita Walæ*, II, 10 : *consecratio imperialis apostolicæ sedis auctoritate firmata.*
4. Agobard, *Flebil. epist. : In processu quoque temporis, quotiescumque aut quocumque imperiales litteræ mitterentur, amborum imperatorum nomina continebant.* Cf. Sickel, *Acta Karolinorum*, I, pp. 268, 277.
5. *Constitutio romana* (Pertz, *Leges*, I, p. 322) : *Promitto... quod ab hac die in futurum fidelis ero dominis nostris imperatoribus Hludowico et Hlotario vitæ meæ.*
6. *Vita Walæ* II, 17 (Pertz, *Scriptores*, II, 563) : *æque me... providentia vestra suscipere fecit hanc curam et defensionem ipsius (sedis apostolicæ) permaxime ceterarumque ecclesiarum, quando me consortem totius imperii celsitudo vestra... constituit.*

être, d'après le règlement de 806, exercé en commun par les trois fils de Charlemagne, devint, sous Louis le Pieux, un attribut du pouvoir impérial et fut réservé à l'héritier du titre d'empereur [1]. Sur ce point encore Louis le Pieux ne respectait pas la tradition carolingienne.

III

Contre toute attente, ce fut l'empereur lui-même qui viola la charte de l'unité et donna ainsi le signal des luttes intestines qui attristèrent les dix dernières années de son règne [2].

En réglant sa succession Louis le Pieux n'avait pas songé aux enfants qui pourraient lui naître dans la suite. Lorsque, six ans plus tard, il eut un fils de sa seconde femme, il se trouva assez embarrassé [3]. Il ne pouvait faire moins pour le nouveau-né que pour ses frères Louis et Pépin; mais il n'osait pas toucher au partage d'Aix-la-Chapelle qu'il avait garanti avec le pape, les évêques et tous les grands. Il s'y décida pourtant à l'instigation de Judith. Son fils aîné, qui avait servi de parrain au jeune Charles, se laissa attendrir par ses prières; il fit le serment de reconnaître à son frère la part du royaume que son père voudrait lui attribuer et de protéger Charles à l'avenir contre tous ses ennemis [4]. Fort de son appui et de cette promesse, l'empereur forma en 829 un

1. V. Martens, *Die rœmische Frage*, 1881, p. 229. — Il faut remarquer que Lother emploie ici les mêmes termes que ceux dont Charlemagne s'est servi dans l'art. 15 de la *divisio* de 806 (Boretius, p. 129).

2. Ces luttes ont été exposées par Himly, (*Wala et Louis le Débonnaire*, chap. IV-VIII); Simson (*Ludwig d. Fromme*, 2 vol.) et Dümmler (*Gesch. d. ostfrænk. Reiches*, 2e édit. t. I).

3. Nithard, I, 3 : *Karolo nato quoniam omne imperium inter reliquos filios pater diviserat, quid huic faceret, ignorabat.*

4. Nithard, ibid. : *cumque anxius pater pro filio filios rogaret, tandem Lodharius consensit ac sacramento testatus est ut, portionem regni quam vellet, eidem pater daret tutoremque ac defensorem illius se fore contra omnes inimicos ejus in futuros jurando firmavit.*

nouveau royaume destiné à Charles et qui comprenait l'Alamannie, l'Alsace, la Rhétie (pays de Coire) et une partie de la Burgundie [1].

Lother regretta bientôt son serment [2]. Il vit avec inquiétude grandir de jour en jour l'ascendant de l'impératrice sur le caractère faible et docile de Louis le Pieux. Depuis la naissance de Charles, l'unique souci de Judith était d'assurer l'avenir de son fils. Elle réussit peu à peu à écarter de la cour les anciens conseillers de l'empereur, ceux qui avaient préparé le règlement de 817 et qui étaient intéressés à ce qu'il fût maintenu. Elle mit à leur place ses créatures, entr'autres le fameux comte de Septimanie, Bernard, auquel elle fit donner l'office de camérier et qui devint rapidement le personnage le plus important du Palais [3].

Wala et ses amis, irrités de leur disgrâce et de l'atteinte portée à leur œuvre, n'hésitèrent pas à soulever contre l'impératrice les trois fils d'Hildegarde [4]. Lother et ses deux frères avaient des intérêts opposés dans la succession paternelle. Il n'y avait entre eux aucune amitié réciproque ; ils résistaient à tous les conseils d'union et de concorde [5]. Mais, en cette circonstance, la haine qu'ils portaient tous les trois à Judith et à son entourage les mit d'accord. Aucun d'eux n'était d'ailleurs disposé à admettre un nouveau venu au partage du patrimoine commun [6].

Le complot s'exécuta au mois d'avril 830. Le parti de

1. V. Dümmler, ouvr. cité, I, pp. 50-51. Cela se fit par un simple décret impérial sans ratification des grands : Nithard, I, 3 : *Karolo Alamannia per edictum traditur.*

2. Nithard, ibid. : *sero se hoc fecisse pœnituit.*

3. Himly, ouvr. cité, p. 106-124 ; Dümmler, ouvr. cité, I, p. 42-55.

4. Himly, p. 126-132.

5. Au concile de Paris (juin 829), les évêques donnent à l'empereur le conseil suivant : *ut (liberi) in mutuæ dilectionis caritate et fraternitatis amore atque unanimitatis concordia vicissim consistant, sedula paternaque admonitione insistatis* (Mansi, *Coll. Concil.* XIV, 602). Jonas d'Orléans, dans le traité qu'il rédigea à l'intention de Pépin, lui disait : *opportet immo necesse est, ut vos et fratres vestri heriles nostri in mutua dilectione indissolubiliter consistatis.*

6. Thegan, *Vita Hludov.*, cap. 35, après avoir dit que l'empereur attribua au nouveau-né une partie de l'empire en présence de ses fils Lother et Louis, ajoute : *Et illi indignati sunt una cum Pippino germano eorum.* V. Dümmler, I, p. 59.

l'impératrice fut renversé, Bernard s'enfuit à Barcelone, Judith elle-même fut enfermée au monastère de sainte Radegonde, à Poitiers. Dans le plaid de Compiègne, Louis le Pieux déclara qu'il consentait à reprendre ses conseillers et promit de respecter désormais les statuts d'Aix-la-Chapelle [1]. Mais il ne restait empereur que de nom [2]. Son fils aîné s'était emparé du pouvoir et faisait garder par des moines son frère et le jeune Charles [3].

Cet état de chose dura peu ; au bout de quelques mois Louis le Pieux reprit la direction du gouvernement. Il avait sans peine ramené à lui ses plus jeunes fils par la promesse d'un agrandissement de territoire [4]. Au mois d'octobre, ses fidèles accoururent en si grand nombre à Nimègue que Lother lui fit sa soumission et laissa même, l'année suivante, condamner à l'exil l'abbé Wala et plusieurs de ses partisans [5]. Dans un plaid tenu au mois de février 831, il prêta à son père un serment de fidélité et jura de ne pas renouveler sa tentative [6]. Déchu de son titre d'empereur, il ne conserva que le gouvernement de l'Italie; son nom ne paraît plus, à partir de cette époque, dans les actes publics [7].

Vers le même temps, un nouveau règlement de partage donna satisfaction à ses frères : « Pépin et Louis eurent leur royaume augmenté, comme on le leur avait promis [8]. »

1. *Vita Walæ*, II, 9 : *imperium a me ut olim ordinatum est una vobiscum et constitutum ita manere decerno et volo.*

2. *Vita Hludovici*, cap 45 : *solo nomine imperator æstatem transegit.*

3. Nithard, I, 3 : *Et Lotharius quidem, eo tenore republica adepta, patrem et Karolum sub libera custodia servabat cum quo monachos... esse præceperat.*

4. Nithard, ibid. : *Promittens, si in sua restitutione una cum his qui hoc cupiebant adesse voluissent, regnum utrisque se ampliare velle. Ac per hoc perfacile cupideque paruere.*

5. *Ann. Bert.* 821 ; Nithard, I, 3.

6. Nithard, ibid. : *Lotharium quoque sola Italia contentum ea pactione abire permisit ut extra patris voluntatem nihil deinceps moliri in regno temptaret.* Thegan, *Vita Hludov:, cap. 37 : Et Hlutharius cum juramento fidelitatem promisit ut post hoc nunquam talia committere debuisset.*

7. *Vita Walæ*, II 10 (Pertz, *Scriptores*, II, 555) : *Honorius* (Lother)... *removetur a potestate, repellitur a consortio.* — Sickel, *Acta Karolinorum*, I, p. 283.

8. Nithard, I, 3 : *Pippinus quoque et Lodhuwicus, quanquam eis regna, sicut promissum fuerat, aucta fuissent...*

Ces mots de l'historien Nithard fixent la date d'une pièce curieuse, dont on a beaucoup discuté le caractère : c'est un acte qui partage l'empire tout entier, sauf l'Italie laissée à Lother, entre les trois derniers fils de l'empereur[1]. Le royaume d'Aquitaine, qui est celui de Pépin, est accrû du pays entre Loire et Seine et de vingt-huit comtés au nord de ce dernier fleuve, représentant les bassins de la Somme, de l'Oise, de l'Aisne inférieure et de la Marne. A la Bavière, royaume de Louis, sont ajoutées la Thuringe, la Saxe, la Frise, la Ripuarie (pays de Cologne) et la partie septentrionale de la *France moyenne*[2]; à l'Alamannie, royaume de Charles, le reste de la France moyenne, la Burgundie (sauf les comtés attribués à Pépin en 817), la Provence et la Gothie[3]. L'empire franc était divisé en quatre parts à peu près égales; Louis le Pieux revenait donc à la tradition qu'il avait sacrifiée, quatorze ans auparavant, au principe de l'unité.

Mais, en même temps qu'il suivait l'exemple de Charlemagne, l'empereur renouvelait la plupart des dispositions contenues dans le règlement de Thionville ; c'est le côté le plus intéressant de l'acte de 831. Sauf de légers changements dans les termes et quelques additions, cet acte reproduit une grande partie du préambule et presque tous les articles

1. Pertz, *Leges*, I, p. 356-59. — L'authenticité de ce document ne fait aucun doute. Simson, qui l'a étudié avec soin, n'y voit qu'un projet d'acte, non l'acte définitif (*Ludwig der Fromme*, t. Ier, *Excursus* VI) ; Waitz s'est rangé à cette opinion. Sickel est d'un avis contraire (*Acta regum et imperat. Karolinorum*, t. II, p. 338-39) et son jugement a bien quelque valeur ; Dümmler a adopté cette manière de voir. Quant à l'époque à laquelle il faut placer ce document, les dates les plus diverses ont été proposées. Celles de 835 et de 836, adoptées respectivement par Himly et par Funck (*Ludw. d. Fromme*, Francfort, 1832) ne peuvent pas se justifier. D'après Simson (ouvr. cité, t. II, p. 93), l'acte aurait été rédigé en 834, après la seconde révolte des fils de l'empereur ; ses raisons ont été réfutées par Meyer (*Die Theilungen*, p. 28-31). La date de 831, adoptée par Sickel, par Muhlbacher, dans son édition nouvelle des *Regesta Imperii* (n° 853), par Meyer et enfin par Dümmler (*Gesch. d. ostfrænk. Reiches*, 2e édit., t. I, p. 62, note 2), paraît définitivement admise. La question nous semble d'ailleurs tranchée par le texte de Nithard.

2. V. sur ce terme de *Media Francia*. Longnon, *Atlas historique de la France*, texte, p. 48, note 4.

3. V. Longnon, ibid., p. 69-70.

de 806[1]. Les grands attachés aux traditions franques, en obtenant de Louis le Pieux le rétablissement des statuts de 806, prenaient leur revanche sur le parti qui l'avait emporté en 817. La révolte n'avait abouti qu'à la ruine complète de l'œuvre de ce parti.

Toutefois le nouveau règlement renfermait une clause destinée à le rendre précaire. « Si l'un de nos fils, disait Louis, plus désireux de plaire au Dieu tout-puissant et à nous-même, mérite, par sa soumission et sa bonne volonté, de recevoir plus d'honneur et de puissance, nous nous réservons le droit d'augmenter son royaume, son honneur et sa puissance de la part de celui de ses frères qui n'aurait pas cherché à nous satisfaire, et de l'élever au rang dont il se sera rendu digne [2]. » Le maintien des avantages accordés à Louis et à Pépin dépendait donc de leur conduite ultérieure. Cet article remettait tout en question ; il permettait à Judith, rentrée en possession de son rang et de son influence, d'annuler les concessions que l'empereur n'avait faites que par nécessité, de rétablir même, en faveur de son fils Charles, la situation privilégiée qui avait appartenu à Lother. Elle disposait, dans tous les cas, d'une arme menaçante pour frapper celui des frères de Charles qui essaierait de contrarier ses projets [3].

Les rois de Bavière et d'Aquitaine avaient gagné, en somme, peu de chose à leur réconciliation avec leur père. Le nouveau partage n'était exécutoire qu'à la mort de Louis le Pieux [4] ; encore n'étaient-ils pas sûrs d'occuper le pays

1. *Divisio* 831, art. 1-14. Cf. *divisio* 806 (Boretius, p. 126-130) art. 5-16, 19-20.

2. *Divisio* 831, art. 13 : *Et si aliquis ex his tribus filiis nostris per majorem obedientiam ac bonam voluntatem imprimis Deo omnipotenti ac postea nobis placere cupiens, morum probitate promeruerit ut ei majorem honorem ac potestatem conferre delectet, et hoc volumus ut in nostra maneat potestate, ut illi de portione fratris sui qui non placere curaverit, et regnum et honorem ac potestatem augeamus et illum talem efficiamus qualiter ille propriis meritis dignus ostenderit.*

3. Dümmler (ouvr. cité, p. 63-64) juge ainsi cet article : *Schwebte die ganze Theilung in der Luft.*

4. *Divisio* 831, art. 13.

qu'on leur avait promis, rien ne les protégeant contre l'ambition de l'impératrice [1]. Ils ne restèrent pas longtemps en repos; une année ne s'était point écoulée que le père et le fils étaient de nouveau brouillés. Au début de l'année 832, l'empereur allait punir son fils Pépin d'un acte de rébellion, quand il apprit que Louis avait envahi l'Alamannie, s'était fait prêter par le peuple un serment de fidélité et qu'il s'avançait avec des projets hostiles. Il leva une armée et marcha à sa rencontre. Louis s'enfuit à son approche et vint bientôt après recevoir le pardon que lui offrait son père [2]. Quant à Pépin, il fut traité avec plus de rigueur; Louis le Pieux lui retira le gouvernement de l'Aquitaine et donna son royaume à Charles [3]. Mais l'escorte qui emmenait Pépin le laissa échapper et revenir en Aquitaine.

Les circonstances favorisaient le rapprochement de Lother avec ses frères. Le parti de l'unité en profita pour organiser, en 833, un soulèvement général. Tous ses efforts tendaient à l'annulation du nouveau partage et au rétablissement du précédent ordre de choses [4]. L'abbé de Corbie, Wala, dirigeait encore l'opposition; l'archevêque de Lyon, Agobard, en exposa les plaintes dans un véritable manifeste sous la forme d'une lettre adressée à l'empereur [5]. Il rappelait à Louis le Pieux le langage qu'il avait tenu devant les grands lors du plaid de 817. Pour leur faire accepter les mesures qu'il leur présentait, il avait invoqué l'intérêt de l'empire. En associant Lother à la dignité impériale, il avait écouté une inspiration de Dieu. Les statuts de 817 portaient sa signature et celle du pape; un serment solennel en avait garanti l'exécution. « Et voilà que, sans raison aucune, ajoutait Agobard, sans prendre l'avis de personne, vous rejetez sans Dieu celui que vous

1. Dümmler, p. 66-67.
2. Dümmler, p. 70-71.
3. Nithard, I, 4 : *Per idem tempus Aquitania Pippino dempta, Karolo datur et in ejus obsequio primatus populi, qui cum patre sentiebat, jurat.*
4. Himly, p. 152-154; Dummler, p. 7.-73.
5, *Flebilis epistola*, dans Migne (*Patrol. lat.*, t. 104, p. 288-290) et D. Bouquet (t. VI, p. 367).

aviez choisi avec Dieu... Je vous en prie, seigneur, que votre généreuse piété reste intacte; n'accueillez pas avec dédain cet avertissement [1]. »

Cette fois le chef de l'Église mit au service des mécontents son influence personnelle et le prestige de son autorité morale. Le pape Grégoire IV, venu d'Italie avec Lother, l'accompagna en Alsace où il fut rejoint par ses frères. Le désir de réconcilier l'empereur avec ses enfants, de rendre la paix à l'Église et à l'empire fut le prétexte de son voyage [2]; mais il se proposait surtout de demander à Louis le Pieux le maintien des statuts qui avaient reçu jadis l'approbation de son prédécesseur [3]. Un certain nombre d'évêques, attachés par l'intérêt à l'empereur, essayèrent de s'opposer à ce dessin et firent même au pape des remontrances sur sa conduite à l'égard de Louis le Pieux. Agobard fut obligé de prendre sa défense [4]. Grégoire IV lui-même, dans la réponse qu'il adressa aux évêques francs, leur reprocha de n'avoir pas rappelé à l'empereur ses promesses : pour lui, il croirait manquer à son devoir, s'il ne l'avertissait pas des fautes qu'il avait commises « contre l'unité et la paix de l'Église et du royaume » ; sa mission était *une mis-*

1. *Flebil. epist.* : *Et ecce, sine ulla ratione et consilio, quem cum Deo elegistis, sine Deo repudiatis... Oro, domine mi, adsit benignissima pietas vestra, ne aspernanter ista accipiatis.*

2. Il écrit à Agobard qu'il se rend auprès de l'empereur, *ut pax et concordia pristina domui et regno ejus restituatur* (Migne, t. 104, p. 296). Quand il est reçu dans le camp impérial, à Rothfeld, *multis assertionibus perdocet non se tantum iter ob aliud suscepisse, nisi quia dicebatur quod inexorabili contra filios discordia laboraret, ideoque pacem in utramque partem serere vellet* (*Vita Hludov.*, cap. 48.) D'après Paschase Radbert (*Vita Walæ*, II, 14), le pape est venu *pro pace, pro reconciliatione patris et filiorum, principum et seniorum, pro statu ecclesiarum, pro adunatione populi et salvatione totius imperii.*

3. *Vita Walæ*, ibid. : *Insurgebant contra caput totius Christi ecclesiæ... ne statuta priorum temporum et divisa inter filios regna manerent inconcussa et indiscussa; Vita Hludov.*, cap. 48 : *Gregorium papam advocarent sub ornatu quasi qui patri solus filios reconciliare deberet et posset ; rei tamen veritas post claruit.*

4. C'est l'objet de sa lettre *De comparatione utriusque regiminis* (D. Bouquet, VI, 366) : *Si enim quod vestra voluntate et potestate, cum consensu totius imperii vestri factum est, et postea apostolica sede roboratum, hoc vult in pristinum reducere statum, satis rationabilis et oportunus est ejus adventus.*

sion de paix et d'unité[1]. C'est qu'en effet, pour Wala, Agobard et tous ceux qui partageaient leur manière de voir, la paix n'allait point sans l'unité. Tout le mal venait, d'après eux, des changements apportés aux statuts d'Aix-la-Chapelle[2]; il suffisait, pour supprimer le conflit qui avait éclaté entre l'empereur et ses fils, de déclarer que ces statuts seraient rétablis.

On sait quel résultat eut l'intervention du pape. L'empereur, abandonné peu à peu de tous ceux qui lui étaient d'abord restés fidèles, devint pour la seconde fois le prisonnier de ses fils et subit la peine de sa résistance aux chefs du clergé[3]. Lother prit en main le gouvernement de l'empire ; son nom remplaça sur les diplômes celui de son père[4]. Mais ceux qui ne l'avaient aidé que pour défendre le principe de l'unité eurent une prompte déception. Lother dut, après sa victoire, payer à ses frères le prix de leur concours ; il fit avec eux un partage de l'empire[5]. On n'en connaît pas les divisions d'une façon précise ; il semble que les deux rois aient alors pris possession des pays que leur attribuait le dernier règlement[6]. Louis reçut en outre l'Alamannie avec l'Alsace, peut-être en échange d'une partie de la *Francia* proprement dite[7]; les peuples germani-

1. *Epist. Gregorii papæ ad episcopos regni Francorum* (Migne, t. 104, p. 311) : *Quod si feci, in hoc volo vitare perjurium si annuntiavero ei omnia quæ contra unitatem et pacem ecclesiæ et regni committit* ; ibid., p. 303 : *legatio pacis et unitatis*.

2. Ibid., p. 302. Le pape nie que le premier règlement de partage *(primam divisionem regni)* ait été modifié *juxta rerum opportunitatem*.

3. V. sur le rôle du pape dans la révolte de 833, Himly, pp. 156-165 ; Dümmler, pp. 74-79.

4. Richter. *Annal. d. Frœnk. Reiches*, t. II, p. 279.

5. *Vita Hludov.*, cap. 48 ; *Ann. Xantenses* (Pertz, *Scriptores*, t. II, p. 225) : *tripertitum est regnum Francorum*.

6. Meyer, ouvr. cité p. 35. — Cette supposition est fondée sur les textes suivants : *Ann. Bertin.* 834 : *At ille (Pippinus) statim convocavit exercitum Aquitanorum et Ultrasequanensium, Hludowicus Baioarios, Austrasios, Saxones, Alamannos nec non et Francos qui citra Carbonariam consistebant.* (*Carbonaria* désigne la forêt des Ardennes) ; 838 : *quidquid ultra citraque Renum paterni juris usurpaverat... Helisatiam videlicet, Saxoniam, Turingiam, Austriam atque Alamanniam.*

7. Ou *Media Francia*, V. Longnon. *Atlas histor.*, texte, p. 48, note 4.

ques, tant à l'ouest qu'à l'est du Rhin, se trouvèrent alors réunis sous une même autorité [1].

Ce n'était pas là, sans doute, un accord définitif ; Lother ne renonça point à la suprématie qui lui avait été jadis conférée avec le titre impérial, il prétendit gouverner l'empire tout entier [2]. Il convoqua à Compiègne, au mois d'octobre 833, un grand nombre de comtes, d'abbés, d'évêques, y reçut les dons annuels et le serment de fidélité [3]. Afin de consolider son pouvoir, il voulut rester seul empereur et fit prononcer par les évêques la déposition de son père [4]. Louis le Pieux dut faire une pénitence publique, en énumérant toutes les fautes dont il s'était rendu coupable. La plus grave, aux yeux des partisans de l'unité, était sans contredit « d'avoir touché arbitrairement au pacte qu'il avait arrêté par le conseil et avec le consentement de tous ses fidèles pour la *paix, l'unanimité de l'empire* et *la tranquillité de l'Église* [5]. » On lui reprochait d'avoir causé par là un *scandale*, d'avoir troublé la paix et violé ses serments. Cette affligeante cérémonie eut lieu dans l'église de Saint-Médard de Soissons ; l'empereur déposa son glaive sur l'autel et revêtit l'habit de pénitent [6]. Il resta au monastère de Saint-Médard, tandis que son fils Charles était relégué à l'abbaye de Prüm et l'impératrice exilée à Tortone.

1. Simson, *ouvr. cité*, t. II, pp. 58-59. — Il ne faut pas voir dans ce fait l'indice d'un mouvement national, ces peuples étaient loin de former une population homogène et unie. V. Dümmler, ouvr. cité, t. I.

2. *Vita Walæ*, II, 18 (Pertz, *Scriptores*, II, p. 565) : *suscepit... totius monarchiam imperii.*

3. *Ann. Bertin.* 833 : *Ibique episcopi, abbates, comites et universus populus convenientes dona annualia ei præsentaverunt fidelitatemque promiserunt.*

4. Dümmler, t. I, p. 83 ; Himly, pp. 169-172.

5. *Relatio episcoporum de exauctorat. Hludov.* (Pertz, *Leges*, I, pp. 366 et suiv.), art. 2 : *Quod auctor scandali et perturbator pacis ac violator sacramentorum existendo, pactum quod propter pacem et unanimitatem imperii ecclesiæque tranquillitatem communi consilio et consensu cunctorum fidelium suorum fuerat inter filios suos factum... super illicita potestate corrupperit.* Rapprocher ce texte du préambule de l'*Ordinatio imperii* de 817. V. Dümmler, I, p. 88.

6. Himly, pp. 174-176.

Une réaction se produisit bientôt. Même dans le parti de Lother on blâmait la conduite du jeune empereur à l'égard de son père [1]. Le pape n'avait pas été consulté pour la déposition de Louis le Pieux et ne l'avait pas approuvée [2]; il regagna l'Italie plein de tristesse et même, si l'on en croit Nithard, saisi de remords au sujet de ce voyage dont il était loin de prévoir toutes les conséquences [3]. Le gouvernement de Lother ne répondait pas à l'espoir des partisans de l'unité. L'abbé Wala se plaignait avec amertume d'être tenu à l'écart [4]; deux ou trois ambitieux se disputaient la première place dans le Palais et, par leurs intrigues, mettaient l'État en péril [5]. Pépin et Louis n'entendaient point, d'autre part, obéir à leur frère aîné [6]. Enfin la captivité de Louis le Pieux, l'humiliation qu'avait subie en sa personne la majesté impériale, lui ramenaient de nombreuses sympathies.

Dès le mois de décembre suivant, on vit éclater la mésintelligence entre Lother et Louis le Germanique. Pépin, averti par un message de son frère, leva des troupes, Louis en fit autant; tous deux marchèrent sur Aix-la-Chapelle où le vieil empereur était alors retenu prisonnier. A cette nouvelle, Lother emmena son père à Paris, puis le laissa à l'abbaye de Saint-Denis pour prendre la fuite. Les évêques présents rendirent aussitôt à Louis le Pieux les insignes du pouvoir (1er mars 834) [7]. Après avoir lutté quelque temps contre son

1. Himly, pp. 167-168. Ce fut à cette occasion qu'Agobard écrivit son *Liber Apologeticus pro filiis Hludov. Pii adversus patrem* (D. Bouquet, t. VI, p. 248).

2. Il est dit dans l'*Epist. Concil. Tricass.* (D. Bouquet, t. VII, p. 589) qu'elle se fit *sine consilio atque consensu Gregorii papæ*. Ce témoignage détruit l'assertion de Paschase Radbert, *Vita Walæ*, II, 18.

3. *Vita Hludov.*, cap. 48 : *cum maximo mærore;* Nithard I, 4 : *itineris pænitudine correptus*.

4. Himly, pp. 167-168.

5. Nithard, I, 4 : *Quis illorum secundus post Lotharium in imperio haberetur, dissedere cœperunt, et quoniam quisque eorum propria quærebat, rem publicam penitus negligebant*.

6. Ibid. : *Videntes quod Hlotharius universum imperium sibi vindicare, illosque deteriores efficere vellet, graviter ferebant*.

7. Lettre de Louis le Pieux à l'abbé Hilduin (D. Bouquet, VI, p. 348) : *cingulumque militare judicio atque auctoritate episcopali resumpsimus*. Cf. *Ann. Bertin.*, 833-834.

père et ses frères, Lother se soumit. L'empereur proclama une amnistie en faveur de ceux qui avaient participé à la révolte ; mais il exigea que son fils aîné se retirât de nouveau en Italie et qu'il prît l'engagement, pour lui et les siens, de ne pas franchir les Alpes sans en avoir reçu l'ordre [1]. L'année suivante une assemblée générale du clergé, réunie à Thionville, déclara que Louis avait triomphé des factions avec le secours de Dieu, qu'il était rétabli dans les droits et honneurs de la royauté et qu'on devait lui obéir comme à l'emreur et au maître [2] ; il était désormais réconcilié avec l'Église. Le prélat qui l'avait attaqué avec le plus de violence au plaid de Compiègne, Ébon, archevêque de Reims [3], reçut à son tour le châtiment qu'il avait naguère prononcé contre l'empereur : il fut solennellement déposé. L'archevêque de Lyon, Agobard, eut le même sort pour avoir écrit l'apologie de la révolte [4].

Ce nouvel échec des partisans de l'unité ne peut guère nous surprendre. Une fois que l'empereur lui-même eut porté les premiers coups à leur œuvre, ils furent impuissants à la protéger. Le triomphe facile qu'ils avaient eu à deux reprises était dû à l'accord momentané de Lother, de Pépin et de Louis. Mais c'était là une alliance précaire : entre l'héritier désigné de toute la monarchie et ses frères qui réclamaient une part égale dans la succession paternelle, il ne pouvait y avoir aucune entente durable, parce qu'il n'y avait pas une véritable communauté d'intérêts [5]. En face de

1. *Vita Hludov.*, cap. 53 : *Ut Alpibus excederet ac deinceps patris jussione fines Franciæ ingredi non presumeret et extra patris voluntatem in ejus imperio deinceps nihil moliri temptaret.* Cf. *Ann. Bertin.*, 834.

2. *Ann. Bertin.*, 835 : *ut illorum factionibus divino auxilio cassatis, ipse avito restitutus honori decorique regio merito reformatus, deinceps fidelissima firmissimaque obœdientia et subjectione imperator et dominus ab omnibus haberetur.*

3. Ibid. : *Ebo, qui ejusdem factionis velut signifer fuerat.*

4. *Vita Hludov.*, cap 54 ; *Liber apologeticus*... (Migne, t. 104, p. 307). — Sur l'échec des partisans de l'unité, voir Dümmler, I, p. 101.

5. Le passage suivant du *Liber apologeticus* montre les inquiétudes qu'éprouvait Agobard à ce sujet. (Migne, t. 104, p. 307) : *tantum ut inter eos germana*

l'ennemi commun ils étaient unis; mais, au lendemain de la victoire, chacun ne pensait plus qu'à son intérêt particulier. Les deux rois n'avaient aucune envie de maintenir une constitution qui ne leur accordait qu'une faible part de territoire et d'autorité, au mépris d'un usage constant que Charlemagne avait lui-même respecté.

L'empereur ne se hâta point, cette fois, de consacrer son succès par un nouveau règlement; toute décision relative à son héritage fut ajournée. Instruit par l'expérience, il préféra, semble-t-il, attendre que le calme fût tout à fait rétabli et que son autorité fût mieux affermie. Il usa de ménagements à l'égard de ses plus jeunes fils : s'il ne confirma point, par un acte formel, leurs récentes acquisitions, il leur laissa du moins ce qu'ils avaient pris en 833 [1]. En même temps il fit auprès de Lother plusieurs tentatives de conciliation [2].

Au bout de trois ans il se crut assez sûr de son pouvoir pour s'occuper de l'avenir du jeune Charles, sans avoir à craindre le retour des troubles. Au plaid d'Aix-la-Chapelle, en 837, il désigna les pays qui formeraient la part du fils de Judith. Les Annales dites de Saint-Bertin nous font connaître avec une précision suffisante les limites de ce territoire. Il comprenait « la plus grande partie de la Belgique, » depuis les frontières de la Saxe jusqu'à la Seine et était borné d'un côté par la mer, de l'autre par la Meuse entre Maëstricht et Verdun, puis par une ligne joignant Verdun, Toul, Bar-sur-Aube, Bar-sur-Seine, Auxerre, Montargis, Étampes et

fides et fraterna sinceritas Deo digna et omni fideli populo bene placita persistat et inviolabiliter perseveret.

1. Dummler, I, p. 101 : On sait que Louis le Germanique resta, jusqu'en 838, en possession de la Saxe, de la Thuringe, de la France orientale (à l'est du Rhin), de l'Alsace et de l'Alamannie, *Ann. Fuldens.*, *Ann. Bertin.*, 838; cf. *Francorum regum historia* (Pertz, *Scriptores*, t. II, p. 324) : *Hludowicus... tenuit regna quæ pater suus illi dederat, id est Alemanniam, Thuringiam, Austrasiam, Saxoniam.*

2. *Ann. Bertin.*, 836. L'empereur, au début de l'année, envoie à Lother des ambassadeurs, *monentes cum obœdientiæ ac reverentiæ paternæ pacisque illi concordiam multiplicenter incubantes.* Voir, sur ces démarches, Dummler, t. I, p. 113.

Paris [1]. Tous les évêques, les comtes et les vassaux bénéficiaires de cette région reconnurent Charles comme leur seigneur et lui prêtèrent le serment de fidélité; parmi eux se trouvaient Hilduin, abbé de Saint-Denis, et le comte de Paris, Gérard.

L'empereur avait eu la précaution de demander à ses fils Louis et Pépin leur consentement. Le premier assistait en personne à l'assemblée d'Aix, le second s'y était fait représenter; ils ne protestèrent ni l'un ni l'autre [2]. Cependant le roi de Bavière dut être peu satisfait qu'on eût choisi pour Charles la meilleure part du royaume franc [3], sur laquelle le règlement de partage de 831 semblait lui donner quelque droit; au mois de mars 838, il se rencontra secrètement avec Lother, dans une localité des Alpes [4]. Louis le Pieux, averti de cette entrevue, adressa à son fils des remontrances qu'il accueillit fort mal [5]; cédant alors aux conseils de l'impératrice et de ses palatins [6], il retira à Louis le Germanique le gouvernement des provinces que celui-ci avait usurpées en 833 et qu'il n'avait pas osé d'abord lui reprendre : c'étaient l'Alsace et l'Alamannie, la Saxe, la Thuringe, et la *Francia* orientale .

La même année, le jeune Charles atteignit l'âge viril; à cette occasion, son père lui remit solennellement ses armes, le couronna roi et lui donna à gouverner une partie de la Neustrie, le duché du Mans et le littoral de l'Ouest entre la Seine et la Loire [8]. Ces pays devaient-ils être réunis à ceux

1. *Ann. Bertin.*, 837; cf. Nithard, I, 6. V. Longnon, *Atlas histor.*, texte, p. 70.

2. *Ann. Bertin.*, 837 : *annuenti Hludowico et missis Pippini omnique populo qui præsentes in Aquis palatio adesse jussi fuerant.*

3. *Ann. Fuldens.*, 837 : *optima pars regni Francorum Karolo juveni data est.* V. Dümmler, I, p. 124.

4. Nithard, I, 6 : *quod quidem Ludharius et Lodhuwicus audientes graviter ferebant unde et colloquium indixerunt*; cf. *Ann. Bertin.*, 838.

5. *Ann. Bertin.*, 838 : *habitaque secus quam oportuerat conflictatione verborum.*

6. *Vita Hludov.*, cap. 59 : *insistente Augusta et ministris palatinis.*

7. *Ann. Bertin.*; *Ann. Fuldens.*, 838.

8. *Ann. Bertin.*, 838 : *Karolo, tunc cingulo insignito, pars Neustriæ ad præsens data est ducatus Cenomannicus omnisque occidua Galliæ ora inter*

que Charles avait reçus l'année précédente pour constituer son patrimoine? On ne saurait le dire; les vues de l'empereur à l'endroit de sa succession n'apparaissent pas encore à ce moment. Il semble n'avoir d'autre préoccupation que d'imposer son autorité à tous ses enfants et de rétablir entre eux tous la bonne harmonie. Le roi Pépin se prêta assez docilement à son désir [1]. Bien que sa part fût de nouveau réduite à l'Aquitaine, il ne manifesta aucune colère et se réconcilia tout à fait avec Charles. Entre eux régna désormais, selon le langage du temps, l'*unanimité* [2]. Il n'en alla pas de même avec Louis de Bavière. Vers la fin de l'année 838, Louis résolut de reconquérir les provinces qu'il venait de perdre. Il rassembla tous les partisans qu'il comptait dans la France orientale, la Thuringe, l'Alamannie et vint jusqu'à Francfort pour braver son père et affirmer ses droits sur les pays situés à l'est du Rhin [3]. De Mayence, où il s'était rendu en toute hâte, l'empereur se borna à faire porter à son fils des messages; il l'exhortait, disent les Annales, « à la concorde pour la paix, » mais ce fut en vain [4]. Les défections nombreuses qui se produisirent dans l'armée du jeune Louis le forcèrent bientôt à rentrer précipitamment dans son royaume.

Vers le même temps, le roi d'Aquitaine, Pépin, mourut (13 décembre 838). Il laissait deux fils en bas âge auxquels la loi franque, comme on l'a vu à propos de Bernard d'Italie, ne reconnaissait aucun droit à hériter de leur aïeul. A cette époque, l'impératrice Judith et ceux des grands qui lui étaient dévoués décidèrent l'empereur à faire de nouvelles avances à son fils aîné.

D'après l'historien Nithard, qui fut dans la suite l'un des

Ligerim et Sequanam constituta. Nithard, I, 6 : *Karolo arma et coronam nec non et quandam portionem regni inter Sequanam et Ligerim dedit.*

1. *Ann. Bertin.*, 838 : *Pippino paternis obsequiis assistente atque favente*
2. Nithard, I, 6 : *Pippinum ac Karolum, ut videbatur, unanimes effecit.*
3. Nithard, ibid. : *quidquid trans Rhenum regni continebatur.*
4. *Ann. Bertin.*, 839 : *ad pacis concordiam Hlodowicum hortatus est, sed nequaquam valuit revocare.*

amis les plus fidèles de Charles le Chauve, ils n'avaient en vue que le maintien de l'ordre, en prévision de la mort de Louis le Pieux et de la prochaine ouverture de sa succession. Si on parvenait à réconcilier Lother et Charles, les deux rois pourraient contenir l'ambition de leur cohéritier et l'empêcher de troubler la paix [1]. Mais le projet de Judith et des siens devait être moins désintéressé. Ils craignaient sans doute que, si les choses en restaient au même point jusqu'à la mort de l'empereur, Lother et son frère Louis ne s'entendissent pour enlever à Charles son héritage. Dans le but de les diviser, ils préféraient avantager l'un d'eux, pourvu qu'il garantit le patrimoine de Charles contre les attaques du second [2].

Louis le Pieux entama des négociations dans ce sens avec son fils aîné. Il lui promit d'oublier le passé, s'il consentait à respecter ses volontés à l'égard de Charles et à partager avec son jeune frère l'empire [3] tout entier, sauf la Bavière qu'on laisserait à Louis. L'occasion était propice; Lother avait vu disparaître, quelques années auparavant, un certain nombre de ses meilleurs conseillers, de ses plus fidèles soutiens : Wala était mort le premier en 836, les autres avaient été emportés par une épidémie qui causa en 837 de grands ravages en Italie [4]. Lother, tout disposé à un rapprochement, accepta l'offre de son père, et se rendit auprès de lui à Worms; c'est là qu'eut lieu en 839 le partage projeté. L'empereur proposa à son fils aîné de faire lui-même les parts;

1. Nithard I, 6 : *Ingruente senili ætate et propter varias afflictiones pæne decrepitas imminente, mater ac primores populi qui in voluntate patris pro Karolo laboraverunt, metuentes, si infectis rebus decederet, odia fratrum usque ad internitionem sibi insurgere, ratum duxerunt ut quemlibet e filiis pater in supplementum sibi assumeret et si post discessum ejus ceteri concordes esse nollent, saltem hi duo unanimes effecti, valerent resistere invidorum factioni.*

2. Dummler, I, p. 130.

3. Nithard, I, 6 : *Missos deligunt et in Italiam ad Lodharium mittunt, promittentes, si patris voluntatem deinceps erga Karolum conservare vellet, omnia quæ in illum actenus deliquerat remitti, et omne regnum absque Baioaria inter illum et Karolum dividendum.*

4. Himly, p. 208; Meyer, p. 36.

Lother préféra lui laisser ce soin, pour avoir le droit de choisir celle qui lui conviendrait le mieux. « Alors son père partagea avec les siens, *le plus également qu'il put*, tout le royaume, la Bavière exceptée, et Lother choisit la portion située à l'est de la Meuse, abandonnant de son plein gré à Charles la portion située à l'ouest [1]. »

Ce partage nous est connu par les Annales de Saint-Bertin qui nous ont conservé la teneur de la *formule* officielle [2]. A l'aide de ce document, qui rappelle l'acte de partage de 806 par la précision des détails, on peut déterminer avec assez d'exactitude la limite qui séparait les deux royaumes. Elle était marquée à peu près par la Meuse, depuis son embouchure jusqu'à sa source, puis par la Saône, enfin par le Rhône entre Lyon et Genève et par les Alpes [3]. On voit que le royaume de Charles différait peu de la France actuelle ; il comprenait surtout des populations de langue romane. Mais la part de Lother, formée d'une large bande de territoire qui s'étendait du Nord au Midi, renfermait à la fois des Allemands et des Italiens. Ainsi, pas plus que dans les partages précédents, on ne cherche alors à satisfaire certaines aspirations à l'indépendance nationale. L'empereur ne paraît nullement préoccupé de grouper ensemble des peuples de même origine, de même langue ; la nouvelle division de l'empire ne résulte que des circonstances. A deux royaumes déjà constitués, l'Italie et l'Aquitaine, on s'est borné à réunir les pays voisins, en tenant compte seulement des frontières naturelles ; le partage de 806 a donné lieu à une remarque semblable.

Le règlement de Worms présente encore d'autres analo-

1. Nithard, I, 7 : *Quamobrem pater, ut æquius valuit, regnum omne absque Baioaria cum suis divisit ; et a Mosa partem australem Lodharius cum suis elegit... occiduam vero, ut Karolo conferretur, consensit.*

2. *Ann. Bertin.*, 839 : *Cujus divisionis formula ita se habuit...*

3. V. Longnon, *Atlas histor.*, p. 71. Ce partage, comme les précédents, ne devait se réaliser qu'à la mort de l'empereur : *Ann. Bertin.*, 839 : *ea conditione, ut viventi fideliter obsequentes, eo decedente memoratis portionibus potirentur.*

gies avec celui de 806. Lother recouvra le titre impérial [1]; mais il ne fut pas question cette fois d'y attacher aucune prérogative. Charles n'eut envers Lother que des obligations morales; il devait « l'honorer comme son père spirituel et son frère aîné [2]. » Louis le Pieux conjura ses fils de rester unis, de s'aimer entre eux et de se prêter une mutuelle assistance [3]. Trente ans auparavant, Charlemagne avait tenu à ses fils un langage identique.

Nous avons déjà signalé à deux reprises l'influence que paraît avoir exercée le règlement de Thionville sur ceux que Louis le Pieux fit ensuite. Quelques articles en avaient été conservés en 817; on l'avait reproduit presque tout entier en 831. L'empereur s'en inspira encore en 839 et ne prit cette fois que les traits essentiels du régime de la *concorde*. Ces emprunts répétés témoignent des profonds souvenirs que ce règlement avait laissés dans les esprits; ces souvenirs expliquent, dans une certaine mesure, l'échec des partisans de l'unité et le retour à la pure tradition. Tandis que Wala, Agobard et leurs amis luttaient pour maintenir les statuts d'Aix-la-Chapelle, tous ceux qui restaient attachés aux anciennes coutumes du royaume franc ne songeaient, semble-t-il, qu'à remettre en vigueur la constitution de Thionville, devenue en quelque sorte la charte de leurs revendications [4].

Le règlement de Worms avait le grave défaut d'être incomplet. S'il faisait des parts égales à Lother et à Charles, il réduisait celle de Louis au petit royaume de Bavière. L'un des fils de l'empereur restait toujours en dehors de la *con-*

1. *Ann. Fuldens.*, 839 : *Hlothario nominis sui dignitatem et sedem regni tribuens.*

2. *Vita Hludov.*, cap. 60 : *Karolus autem tanquam patri spiritali et fratri seniori debitum deferret honorem.*

3. Nithard, I, 7 : *Hinc autem pater fratres, prout valuit, unanimes effecit, rogans ac deprecans ut invicem se diligerent et ut alter ab altero protegeretur adortans exorat*; *Vita Hludov.*, cap. 60 : *Filios monebat ut unanimes essent.*

4. Meyer, ouvr. cité, p. 10, note 1, remarque qu'ils devinrent la loi fondamentale (*Grundgesetz*) de la maison carolingienne; mais il n'a pas développé cette idée.

corde. En outre, Louis le Pieux n'imita pas, à l'égard de ses petits-enfants, la bonté dont Charlemagne avait donné l'exemple envers Bernard : les fils du roi d'Aquitaine, mort du vivant de son père, ne furent pas admis au partage. Aussi, vers la fin de son règne, l'empereur eut deux révoltes à combattre, celle des Aquitains qui voulaient prendre pour roi l'aîné des fils de Pépin [1], et celle de Louis de Bavière. Ce dernier réclamait pour la seconde fois les pays de l'empire situés à l'est du Rhin [2]. A la mort de Louis le Pieux, en 840, le règlement de la succession carolingienne n'avait donc pas encore reçu de solution définitive.

IV

Sur les événements de la période suivante nous sommes assez bien renseignés, grâce à l'ouvrage de l'historien Nithard [3] : trois des quatre livres dont il se compose sont consacrés à la guerre civile des fils de Louis le Pieux. Nithard a vu la plupart des faits qu'il raconte ; parent de Charles le Chauve, il a toujours servi sa cause, a pris part à ses côtés à la bataille de Fontanet et s'est trouvé mêlé à diverses négociations. Son témoignage est donc fort précieux, il a du reste les qualités d'un véritable historien [4]. Les Annales dites de Saint-Bertin [5] et celles de Fulde [6] sont plus sobres de détails, mais elles n'ont pas une moindre valeur. Elles sont rédigées, pour cette période, par deux hommes qui font partie de l'entourage des rois Louis et Charles et peuvent

1. Nithard, I, 8 : *pars quædam populi, quid avus de regno vel nepotibus juberet, præstolabatur, pars autem, arrepto filio ejus Pippino, quia natu maximus erat, tyrannidem exercebat*. Cf. *Vita Hludov*., cap. 61.

2. *Ann. Bertin.*, 840; *Hludowicum... consueta jamdudum insolentia, usque ad Rhenum regni gubernacula usurpare; Ann. Fuldens.* 840 : *Hludowicus... partem regni trans Rhenum quasi jure sibi debitam affectans*.

3. *Nithardi historiarum libri IV*, édit. Pertz *in usum scholarum*, 1870.

4. Wattenbach, *Deutschlands Geschichtquellen*, 1877, t. I, pp. 172-173.

5. *Annales Bertiniani*, édit. Pertz *in usum scholarum*.

6. *Annales Fuldenses*, Pertz, *Scriptores*, t. I.

être considérés en quelque sorte comme leurs historiographes [1]. Ils connaissent les archives du Palais ; plus d'une pièce importante nous a été conservée par l'annaliste de Saint-Bertin, Prudence, évêque de Troyes. On en a vu plus haut des exemples.

Ces observations ne sont pas inutiles. Pour saisir le sens exact du traité de Verdun, il faut étudier avec un soin particulier les faits, les négociations qui l'ont immédiatement précédé. Les sources dont nous venons de parler rendent cette recherche possible [2].

Quelque temps avant sa mort, Louis le Pieux avait fait remettre à son fils aîné les insignes du pouvoir impérial, la couronne, le glaive et le sceptre, en lui rappelant ses promesses de l'année précédente [3]. Mais Lother ne tint en aucune façon les engagements qu'il avait pris envers Charles et l'impératrice. « En apprenant la mort de son père, rapporte Nithard, il envoya aussitôt des exprès dans toutes les provinces, spécialement dans toute la *Francia*, et fit annoncer par eux son arrivée dans « l'empire qui lui avait été donné autrefois. [4] » Ses envoyés promettaient à tous les grands que leurs *honneurs* seraient confirmés et même augmentés. Ils vinrent à lui en foule, plus soucieux de leurs intérêts que de leurs serments [5]. Enhardi par ce succès [6], Lother « réflé-

1. Wattenbach, ouvr. cité, t. I, pp. 185 et 240.

2. Cette période a été étudiée par Schwartz (*Der Bruderkrieg der Sœhne Ludwigs d. Frommen*, 1843) ; Meyer von Knonau (*Ueber Nithards vier Bücher Geschichte*, 1866) et Dümmler (*Gesch. d. ostfrænk. Reiches*, t. I).

3. *Ann. Fuld.* 840 : *Hunc* (c'est-à-dire Lother) *ferunt imperatorem morientem designasse ut post se regni gubernacula susciperet, missis ei insigniis regalibus, hoc est sceptro imperii et corona. Vita Hludov.*, cap. 63 : *Hlothario quidem coronam, ensem auro gemmisque redimitum eo tenore habendum misit, ut fidem Karolo et Judith servaret et portionem regni totam illi consentiret et tueretur.*

4. Nithard, II, 1 : *Audiens Lodharius patrem suum obiisse, confestim nuncios ubique, præsertim per totam Franciam mittit qui se venturum in imperium quod olim fuerat illi datum, affirment.*

5. *Ann. Fuld.*, 840 : *Franci loco patris ejus super se regnaturum suscipiunt.* Cf. Hincmar, *Epist. ad Ludovicum Balbum* (D. Bouquet, t. VII, p. 551) : *cum maxima pars populorum Hlotharium sequeretur.*

6. Lother ne vint pas en Gaule immédiatement, afin de voir quelle tournure

chit aux moyens de s'emparer de tout l'empire [1]. » Nous lisons d'autre part dans les Annales Bertiniennes que « Lother se prévalut de son titre d'empereur pour violer les *droits de la nature* et s'arma contre ses frères [2]. » Le moine Rodolphe, le rédacteur des Annales de Fulde, dit à son tour : « Les trois frères ne purent se mettre d'accord au sujet d'un partage du royaume ; Lother s'y opposait et revendiquait pour lui seul la *monarchie* [3]. »

Ces textes sont clairs et indiquent le véritable sens de la lutte qui s'engage, à cette époque, entre Lother et ses deux frères. Le nouvel empereur ne songe plus, en 840, à exécuter le règlement de Worms ; il préfère tenter un dernier effort pour maintenir à son profit l'unité de l'empire. Il place l'origine de ses droits dans l'élection qui lui a conféré, en 817, la dignité impériale [4] ; comme il est seul, cette fois, à la porter, il compte être plus heureux que du vivant de son père. Contre ses prétentions Louis et Charles invoquent l'autorité de la coutume et réclament une part égale de l'empire, qu'ils regardent comme leur patrimoine commun. Ils ne refusent pas de reconnaître le titre d'empereur à Lother, à condition qu'il n'essaie pas de leur imposer sa suprématie.

Bien qu'ils soutiennent la même cause, les deux rois ne songent pas tout d'abord à faire alliance. Cela se conçoit : chacun d'eux fonde ses droits sur un règlement de partage dont l'autre a été exclu et qu'il n'a pas approuvé [5]. Louis revendique les pays germaniques qu'il a gouvernés déjà

prendraient les choses : Nithard, II, 1 : *quo se res verteret, antequam Alpes excederet, scire volens.*

1. Nithard, ibid. : *quibus artibus universum imperium invadere posset, deliberare cœpit.* Cf. *Adonis Chronicon* (Pertz, *Scriptores*, t. II, p. 322), *totum imperium arripere molitur.*

2. *Ann. Bert.*, 840 : *Hlotharius, jura naturæ transgressus, imperatoris elatus nomine, in utrumque fratrem hostiliter armatur.*

3. *Ann. Fuld.*, 841 : *de portione regni concordare non possent, renuente Hlothario qui sibi monarchiam vindicabat.*

4. Meyer, *Die Theilungen*, p. 40. Dummler, ouvr. cité, t. I, pp. 139-143.

5. Dummler, I, p. 152.

pendant cinq ans, de 833 à 838, d'abord avec le consentement de Lother, puis grâce à la tolérance de Louis le Pieux [1]. Quant à Charles, il n'a qu'à demander à Lother l'exécution du partage de Worms.

Ce défaut d'entente entre eux servit les projets de leur frère aîné. Celui-ci s'efforça de les tenir séparés le plus longtemps possible ; il négociait avec l'un tandis qu'il cherchait à soumettre l'autre. Cette tactique lui réussit au moins pendant quelques mois [2]. A son arrivée d'Italie, il fit porter à Charles un message dans lequel il lui témoignait des intentions bienveillantes ; il le priait seulement d'épargner son neveu Pépin jusqu'à leur prochaine entrevue [3]. Cependant il marchait contre Louis. Mais le roi de Bavière, aidé par les Francs orientaux, était résolu à défendre ses droits. Lother n'osa pas lui livrer bataille, craignant d'exposer trop tôt son prestige. Il préféra conclure une trêve avec Louis, afin de s'occuper de son second frère. Sans perdre de temps, Louis se fit prêter le serment de fidélité d'usage par les Francs orientaux, les Alamans, les Saxons et les Thuringiens [4].

Charles, retenu dans l'Aquitaine par la révolte du jeune Pépin, n'avait pas encore pris possession des provinces franques que lui attribuait le partage de Worms. Peu rassuré au sujet des dispositions de Lother, il députa vers lui deux de ses fidèles, Nithard et Adelgaire, pour lui rappeler la promesse solennelle qu'il avait faite à Louis le Pieux, s'engageant, s'il l'exécutait, à lui être fidèle et soumis, « comme on doit l'être à un frère aîné [5]. » Il le suppliait de ne pas solliciter davantage ses sujets et de ne pas jeter le trouble dans le royaume que Dieu lui avait confié. « On doit céder de part

1. *Ann. Fuld.*, 840 : *Hludowicus... partem regni ab oriente Rheni defensurus, occurrit.*

2. *Ann. Bert.*, 840.

3. Nithard, II, 1.

4. *Ann. Fuld.*, 840 : *Hludovicus vero orientales Francos, Alamannos, Saxones et Thuringios sibi fidelitatis jure confirmat.*

5. Nithard, II, 2 : *promittens, si hoc faceret, fidelem se illi et subjectum fore velle ita ut primogenito fratri esse oporteret.*

et d'autre, disait-il, à la *paix* et à la *concorde* [1]. » Charles observait de tous points l'esprit du règlement de 839.

Lother, sans écouter ses prières, passa la Meuse et entraîna dans son parti un grand nombre des fidèles de Charles, entr'autres l'abbé de Saint-Denis et le comte de Paris [2]. Pendant ce temps ses émissaires travaillaient les grands de la région comprise entre la Seine et la Loire. Il s'avança en personne jusqu'à la Loire et rencontra son frère près d'Orléans. L'armée impériale était plus nombreuse que celle de Charles; néanmoins Lother offrit à son frère un arrangement : il lui abandonnait l'Aquitaine, la Septimanie, la Provence et dix comtés au nord de la Loire, à condition que Charles ne franchirait pas les limites provisoires de son royaume, jusqu'à ce qu'ils eussent ensemble une nouvelle entrevue à Attigny. Charles dut subir ces conditions, mais fit stipuler que, dans l'intervalle, Lother respecterait son territoire et ne ferait aucun acte d'hostilité contre Louis [3]. Cette dernière clause du traité laisse prévoir un changement prochain dans la conduite de Charles. Convaincu de la duplicité de son frère aîné (il en acquit bientôt d'autres preuves), il comprenait la nécessité de s'unir avec Louis. En attendant il mit la trêve à profit, reçut le serment des grands de la Burgundie, de Bernard de Septimanie, des comtes de la région du Mans, même celui de Noménoé, duc des Bretons. Louis faisait de même et employait tour à tour les menaces et les promesses pour gagner le plus de partisans possible à l'est du Rhin [4].

Lother voulait les contenir tous les deux; mais ses troupes laissèrent Charles forcer le passage de la Seine, et Louis, celui du Rhin. Au mois de mai 841, Charles se trouvait au

1. Ibid. : *ne amplius suos sollicitet, nec regnum sibi a Deo commissum perturbet... cederent undique paci et concordiæ.*
2. Nithard, II, 3.
3. Nithard, II, 4.
4. *Ann. Bertin.*, 841 : *Illudowicus et Karolus, alter ultra, alter citra Rhenum partim vi, partim minis, partim honoribus, partim quibusdam conditionibus, omnes partium suarum sibi vel subdunt vel conciliant.*

rendez-vous convenu; Lother n'y vint pas. En revanche le roi d'Aquitaine reçut à Attigny une ambassade de son frère le Germanique [1]. Peu de temps après les deux rois firent la jonction de leurs armées aux environs de Châlons-sur-Marne : le danger commun les avait réconciliés.

Sur le champ ils ouvrirent des négociations. « Ils suppliaient Lother de songer au Dieu tout-puissant, d'accorder la paix à ses frères et à toute l'Église de Dieu : ils demandaient qu'il leur cédât à chacun la part qui leur était due, *en vertu du consentement de leur père et de leur frère* [2]. » Louis et Charles s'appuyaient encore sur deux règlements distincts qui avaient eu l'un et l'autre l'agrément de Lother, celui de 833 qui avait attribué à Louis tous les pays germaniques mais dont Charles avait été exclu, et celui de 839, par lequel Charles était à son tour le plus favorisé. Sans souci de la logique, ils en réclamaient l'exécution, seulement pour la partie qui leur était avantageuse [3].

Lother repoussa ces ouvertures et fit répondre qu'il préférait recourir à un combat; puis il alla au-devant de Pépin d'Aquitaine, son allié naturel contre Charles-le-Chauve. Ses frères le suivirent et rangèrent leur armée près de la sienne, dans le voisinage d'Auxerre. Renouvelant leurs avances, « ils prièrent Lother de se rappeler qu'il était leur frère, de permettre à l'Église de Dieu et à tout le peuple chrétien de vivre en paix, de leur laisser les royaumes qu'ils avaient reçus avec son consentement, de garder enfin pour lui les provinces qu'il devait seulement à la miséricorde de son père, car il ne méritait pas de les avoir [4]. » Ils ajoutaient qu'ils lui

1. Nithard, II, 9 : *nunciantes quod si sciret quomodo fieri posset in illius adjutorium venire vellet*. Cf. *Ann. Fuld.*, 841 : *Illudovico per nuntios Karoli ad auxilium vocato*. Aucun des deux frères ne veut paraître avoir fait les premières avances.

2. Nithard, ibid.: *obsecrent ut memor sit Dei omnipotentis et concedat pacem fratribus suis universæque ecclesiæ Dei : cederet cuique quod patris fratrisque consensu juste debeatur*.

3. Dümmler, t. I, p. 152, note 2, trouve un peu obscur le passage de Nithard cité plus haut ; *frater* désigne évidemment Lother. Cf Nithard, II, 10.

4. Nithard, II, 10 : *haberet sua sibi, non merito, sed sola misericordia a patre illi relicta*.

cèderaient volontiers chacun une partie de leurs royaumes; Charles reculerait sa frontière jusqu'à la forêt *Carbonaria* (c'est-à-dire l[es] Ardennes), et Louis, la sienne jusqu'au Rhin. S'il refusait, on diviserait toute la *Francia* en trois portions égales, en lui laissant choisir celle qu'il voudrait [1]. Ce second message était fort différent du premier; Lother fit observer avec raison qu'il n'avait pas encore reçu de la part de ses frères des propositions aussi nettes et leur demanda du temps pour réfléchir. Sur ces entrefaites Pépin lui amena des renforts; il pria alors Louis et Charles de considérer, puisqu'ils savaient que le titre d'empereur lui conférait une grande autorité, par quels moyens il pourrait remplir une charge si haute; au surplus, il n'était pas disposé à chercher leur profit à tous deux [2].

Cette réponse décida les deux rois à accepter la lutte. C'est à ce propos que l'annaliste de Fulde parle des prétentions que Lother élevait à la *monarchie*. Prudence rapporte de son côté que les deux frères essayèrent plusieurs fois de traiter avec Lother, pour gouverner tout le royaume dans la *paix* et *l'unanimité*, mais qu'il leur fut impossible de le ramener à *l'union de la paix et de la fraternité* [3]. La question se posait de nouveau entre les deux systèmes représentés respectivement par les statuts de 806 et ceux de 817 : d'une part, le maintien dans l'empire d'une seule direction politique, confiée à l'héritier du titre impérial; de l'autre, le partage du territoire et de la puissance royale en portions égales, combiné seulement avec un régime de concorde fraternelle.

1. Nithard, ibid. Ces mots *universa Francia* désignent le territoire qui s'étend de l'Océan au Mein et qui était divisé auparavant en Neustrie et Austrasie; au IXe siècle, on semble distinguer plutôt la *Francia occidentalis*, la *Francia orientalis*, à l'est du Rhin, et entre les deux la *media Francia*. V. Longnon, ouvr. cité, p. 48.

2. Nithard, II, 10 : *Mandat fratribus suis quoniam scirent illi imperatoris nomen magna auctoritate fuisse impositum, ut considerent quatenus ejusdem nominis magnificum posset explere officium; insuper autem haud se libenter utrorumque quærere profectum.*

3. *Ann. Bert.*, 841 : *apud fratrem Hlotarium super pacis et unanimitatis, totius quoque populi et regni gubernatione, creberrimis legationibus satisagunt : cum ad pacis fraternitatisque concordiam minime revocari posset ..*

Dès lors les conséquences de la bataille de Fontanet se dégagent sans peine : la défaite de Lother fut celle du principe de l'unité, elle prépara le règlement de la succession carolingienne dans le sens des statuts de Thionville [1].

Avant de combattre, Louis et Charles avaient déclaré s'en remettre au jugement de Dieu [2]. La bataille terminée, les évêques se réunirent et décidèrent d'une voix unanime que la cause des deux rois était juste, qu'ils n'avaient lutté que pour le triomphe de l'équité ; que quiconque avait pris part à la guerre avait obéi à la volonté de Dieu et n'encourait ainsi aucun blâme [3].

Ce langage avait une portée considérable. Jusque là les défenseurs de l'unité s'étaient recrutés surtout parmi les dignitaires du clergé. C'étaient des évêques et des abbés qui avaient dirigé les révoltes contre Louis le Pieux ; le pape lui-même s'était associé à leurs revendications. Lother groupait encore autour de lui, lors de son avènement, un assez grand nombre de prélats [4]. Mais les principaux chefs de son parti, entr'autres Wala et Agobard, avaient disparu [5]. Ses échecs répétés faisaient pressentir aux évêques l'inutilité de leurs efforts pour s'opposer au partage de l'empire. Ils étaient, d'ailleurs, las de la lutte et n'aspiraient qu'à la paix. Au lieu de s'obstiner dans la poursuite d'un but chimérique, ils aimèrent mieux borner leur tâche au rétablissement de la concorde, persuadés qu'ils serviraient ainsi plus utilement la cause de l'Église et celle de tout l'empire. C'était déjà par leurs conseils que Louis et Charles avaient proposé

1. Dummler, t. I, p. 162.

2. Nithard, II, 10. Plus tard, Louis et Charles justifient ainsi leur conduite (Nithard, III, 5) : *cum nec fraternitas, nec christianitas, nec quodlibet ingenium, salva justitia ut pax inter nos esset, adjuvare posset, tandem coacti rem ad judicium omnipotentis Dei detulimus, ut suo nutu quid cuique deberetur contenti essemus*. La charte de 806 ordonnait, en cas de contestation, de recourir au jugement de Dieu, mais elle interdisait la bataille.

3. Nithard, III, 1.

4. Les décrets du synode d'Ingelheim, qui se tint au mois d'août 840, sont signés par vingt évêques dont quatre métropolitains (Pertz, *Leges*, I, p. 374).

5. Wala était mort en 836, Agobard en 840.

deux fois à Lother un accommodement [1]; sur son refus la guerre avait continué. Mais après que Dieu lui-même se fut prononcé contre lui, l'Église n'hésita plus à les soutenir [2].

La conduite de Lother était peu faite pour lui ramener les sympathies du clergé. Ses frères, avant la bataille, avaient accepté d'avance le jugement de Dieu. Vainqueurs, ils observèrent un jeûne de trois jours pour obtenir de Dieu le pardon du sang versé [3]. En toute occasion ils prenaient l'avis des évêques et donnaient des preuves de leur piété [4]. L'empereur, au contraire, sentant son prestige ruiné et ses fidèles prêts à la défection, mit tout en œuvre pour se faire des alliés. Il tenta de provoquer en Saxe un soulèvement des classes inférieures; il promit de rendre aux Saxons « les lois que leurs ancêtres suivaient au temps où ils adoraient les idoles. » Il rechercha l'appui des envahisseurs païens et concéda en bénéfice à Hériold, roi danois, l'île de Walcheren et plusieurs cantons voisins [5]. Dans une course qu'il fit dans le pays compris entre la Seine et la Loire, il laissa ses soldats tout piller et brûler sur leur passage, ne protégeant pas même les églises et les choses saintes, obligeant des prêtres, des clercs, même des religieuses à lui prêter serment de fidélité [6].

Nous ne connaissons, il est vrai, Lother que par les historiens du parti de ses frères. Lorsqu'ils l'accusent de duplicité, de lâcheté, ou lui attribuent les violences dont il vient d'être question, faut-il accepter sans réserve leur témoignage? Il est certain qu'ils sont parfois injustes à son égard. A Fontanet Lother se battit bravement [7], il montra aussi de l'éner-

1. Nithard, II, 9.
2. V. Dümmler, t. I. p. 178.
3. Nithard, III, I.
4. Nithard, III, 2, raconte un trait de piété de Charles le Chauve. Il aida les moines de Saint-Médard de Soissons à porter une châsse contenant des reliques et leur fit don du domaine royal de Braine.
5. Nithard, IV, 2; *Ann. Bert.*, 842. V. Dümmler, t. I, p. 166.
6. *Ann. Bert.*, 841.
7. V. le poëme d'Angilbert sur la bataille de Fontanet (D. Bouquet, t. VIII, p. 300).

gie, de la persévérance en continuant la lutte sans se laisser décourager par sa défaite, en revendiquant jusqu'au bout ses prérogatives impériales. Il ne fut pas le seul à recourir à la violence; ses frères usèrent, comme lui, des menaces, de la terreur même pour retenir leurs sujets dans la fidélité [1]. On ne doit pas non plus le rendre entièrement responsable de tous les excès que ses troupes ont pu commettre [2]. Néanmoins ses fautes furent assez graves pour lui aliéner l'Église.

Charles et Louis s'étaient séparés après leur victoire, en se donnant rendez-vous à Langres; ils jugeaient nécessaire de faire acte de présence dans leurs royaumes, afin de hâter la soumission des indécis. Lother profita de ce répit pour réorganiser son armée. Quand Louis revint de la Saxe, il apprit que son frère aîné avait passé le Rhin avec toutes ses forces, et marchait à sa rencontre. Mais, à la nouvelle que Charles, de retour d'Aquitaine, s'avançait vers lui, Lother abandonna son projet et accourut pour défendre la Meuse contre Charles. Celui-ci avait trop peu de troupes pour lui livrer bataille; il chercha à l'arrêter par des négociations et se retira précipitamment derrière la Seine. Lother conduisit sur Paris une armée de Saxons, d'Austrasiens et d'Alamans; mais une crue l'empêcha de franchir la Seine. Il fit à son tour à Charles des ouvertures de paix : il l'invitait à rompre son alliance avec Louis, promettant en échange de laisser celle du jeune Pépin et de céder à son frère la partie de l'empire située à l'ouest de la Seine, sauf la Septimanie et la Provence [3].

Cette offre ne pouvait satisfaire Charles; il demanda à rester, pendant l'hiver suivant, en possession des pays que

1. *Ann. Bert.*, 841 : *Hludowicus partim terroribus partim gratia Saxonum quidem complures, Austrasiorum, Toringorum atque Alamannorum suæ omnes subjugat ditioni.*

2. Nithard rapporte (III, 4) que Charles lui-même eut beaucoup de peine à protéger la ville de Laon contre la fureur de ses soldats.

3. Nithard III, 3 : *Mandavit ut fœdus quod Karolus cum fratre suo Ludowico sacramentis firmaverat, omisisset et ille contra fœdus quod cum Pippino.... omitteret et haberet Karolus a Sequana partem occiduam absque Provincia et Septimania.*

son père lui avait donnés. Au printemps ils auraient ensemble une entrevue, et, s'ils ne parvenaient pas à s'entendre pour régler leurs intérêts, les armes décideraient entre eux [1]. Si Lothar avait consenti à exécuter sincèrement le partage de 839, comme Charles le lui demandait, peut-être eût-il réussi à le séparer de Louis. Mais il repoussa ces conditions et alla encore une fois au devant de Pépin qui revenait de l'Aquitaine. De son côté Charles s'occupa de rejoindre Louis. Les deux rois se rencontrèrent, au mois de février 842, à Strasbourg où ils échangèrent des serments restés célèbres.

Le texte de ces serments, que Nithard nous a conservé, a fixé l'attention des philologues surtout, parce qu'ils ouvrent la série des monuments en prose de la langue française du moyen âge [2]. Mais ils ont aussi de l'intérêt au point de vue de l'histoire politique.

Ils furent précédés d'une *adnuntiatio ad populum,* dans laquelle les rois expliquèrent aux grands et à toute l'armée les raisons de leur conduite. Ils rejetèrent sur leur frère aîné toute la responsabilité de la guerre civile ; à son oubli de la fraternité chrétienne, à son mépris pour le jugement de Dieu, à ses violences, ils opposèrent leur propre modération : ils n'avaient jamais demandé qu'à jouir paisiblement de leur part légitime d'héritage [3]. Leur discours se terminait ainsi : « C'est pourquoi nous nous réunissons aujourd'hui, contraints par la nécessité. Comme nous croyons que vous avez quelques doutes au sujet de la sincérité de notre *foi* et la solidité de notre *union fraternelle*, nous avons résolu de nous prêter l'un à l'autre un serment en votre présence. Ce n'est pas une coupable avidité qui nous fait agir ainsi, nous ne cherchons qu'à nous garantir nos communs avantages et faisons le vœu qu'avec votre concours Dieu

1. Nithard, ibid. : *ni statutis aut statuendis concordia concurrat, quid cuique debeatur armis decernant.*
2. V. G. Paris, *La littérature française au Moyen Age*, 1888, p. 148.
3. Nithard, III, 5 : *ut saltem deinde cuique sua justitia cederetur, mandavimus.*

nous accorde enfin le repos [1]. » Puis tous deux, employant la langue vulgaire afin d'être compris de tout le monde, jurèrent, dans les deux idiômes roman et tudesque, de se prêter, « pour l'amour de Dieu, leur salut et celui du peuple chrétien, » une mutuelle assistance et de ne pas traiter séparément avec Lother. Les fidèles de chaque armée firent ensuite le serment de ne point aider leur seigneur, s'il ne tenait point sa parole [2].

Ces promesses solennelles de foi et d'amitié réciproques étaient, nous le savons, dans les habitudes des rois francs. L'influence de l'Église apparaît toujours dans ces sortes de contrats : les rois, dans ces circonstances, parlent un langage religieux et semblent obéir à une pensée chrétienne. Le traité de Strasbourg peut donc être considéré comme l'œuvre des évêques. Remarquons, d'autre part, que les sujets se portent garants des engagements de leurs maîtres et sont associés au pacte conclu par les rois en vue de rétablir la paix. Cette idée n'est pas nouvelle : on se rappelle qu'en 806 Charlemagne faisait jurer à tous les hommes libres de se soumettre au règlement qu'il venait d'arrêter « pour le maintien de la paix par la concorde entre ses fils [3]. » Mais c'est surtout à partir de 842, par un progrès des théories politiques de l'Église, que l'on conçoit l'ordre dans la société carolingienne comme fondé sur l'observation d'un double contrat, celui que les rois ont fait entre eux et celui que les fidèles ont fait avec les rois [4]. Le moment où cette idée prend

1. Nithard, ibid. : *quoniam vos de nostra stabili fide ac firma fraternitate dubitare credimus, hoc sacramentum inter nos in conspectu vestro jurare decrevimus.* Cf. *Ann. Bert.*, 842 : *Hludowicus et Karolus, quo sibi firmius populos utrique subditos necterent, sacramento sese alterutro devinxerunt.*

2. Nithard, III, 5 ; cf. *Ann. Bert.*, 842 : *fideles quoque populi partis utriusque pari se juramento constrinxerunt ut uter eorumdem fratrum adversus alterum sinistri quispiam moliretur, relicto prorsus auctore discidii, omnes sese ad servatorem fraternitatis amicitiæque converterent.*

3. Il faut remarquer en quels termes Charles le Chauve faisait plus tard allusion aux serments de Strasbourg (Pertz, *Leges*, t. I, p. 462) : *pacem et mutuum adjutorium inter me et fratrem Hludowicum Wenilo sacramento firmavit.*

4. V. Bourgeois, *Le capitulaire de Quiersy*, pp. 224 et suiv.

plus de consistance et de force sur les esprits est précisément celui où l'unité politique de la monarchie est brisée d'une façon définitive, où la paix générale est le plus compromise.

Louis et Charles, après avoir consolidé leur union, firent à Lother de nouvelles ouvertures de paix qui ne reçurent pas un meilleur accueil que les précédentes. Ils se décidèrent à marcher sur la capitale de l'empire, Aix-la-Chapelle, où leur frère séjournait. A leur approche, l'empereur s'enfuit et gagna en toute hâte la ville de Lyon, pour s'assurer une retraite en Italie. Arrivés à Aix, les deux rois consultèrent les évêques et les prêtres qui s'y trouvaient réunis en grand nombre, leur demandant ce qu'il fallait faire du peuple et du royaume que leur frère venait d'abandonner. « Leurs conseils, donnés en quelque sorte au nom de Dieu, devaient, dit Nithard, déterminer leur décision et lui donner plus de poids [1]. » Ils furent d'accord pour déclarer que Dieu avait retiré à Lother le gouvernement de son royaume et l'avait confié à ses frères. Les griefs qu'ils formulèrent alors contre lui font penser à ceux dont Lother avait autrefois dressé la liste contre Louis le Pieux. A son tour il fut accusé d'avoir violé ses serments et imposé un parjure au peuple chrétien; on lui reprocha même d'avoir deux fois chassé son père du trône, en oubliant que les chefs de l'Église franque l'avaient aidé dans ses révoltes. Mais le régime de l'unité était condamné en même temps que son représentant, par la faute duquel l'Église avait souffert des maux de toute sorte.

Louis et Charles furent ensuite interrogés par les évêques : voulaient-ils régner d'après les exemples de leur frère ou selon la volonté de Dieu? « Ils répondirent que tant que Dieu leur accorderait le pouvoir et le savoir, ils se conduiraient, eux et leurs sujets, selon sa volonté. En vertu de l'autorité divine, dirent alors les évêques, nous vous prions et ordonnons de prendre ce royaume, et vous exhortons à le

1. Nithard, IV, 1 : *ut illorum consultu, veluti nomine divino, harum rerum exordium atque auctoritas proderetur.*

gouverner conformément aux lois de Dieu [1]. » Chacun des rois désigna douze commissaires pour procéder au partage ; Nithard entr'autres fut choisi. « On se préoccupa beaucoup moins, dit-il, de la fertilité ou de l'égalité des parts que du voisinage et de la convenance de chacun [2]. » Ces mots semblent indiquer que le partage se fit avec un peu de précipitation; il devait n'avoir qu'un caractère provisoire. Les rois reçurent cependant un serment de fidélité de leurs nouveaux sujets.

Ce coup hardi eut le résultat qu'ils en attendaient peut-être. Peu de temps après, Lother demanda à traiter : « Il pria ses frères de lui accorder quelque chose de plus que le tiers du royaume, en raison du titre d'empereur que son père lui avait laissé et de la dignité impériale réunie à la royauté franque par son aïeul; sinon, de lui céder au moins le tiers du royaume, la Lombardie, la Bavière et l'Aquitaine une fois mises de côté : *Chacun d'eux, avec l'aide de Dieu, gouvernerait sa part le mieux possible et pourrait compter sur l'appui et le bon vouloir* des autres rois ; ils garantiraient à leurs sujets le maintien de la paix et des lois ; enfin ils feraient ensemble, sous la protection de Dieu, une *paix perpétuelle* [3]. »

Ainsi Lother ne prétendait plus au gouvernement de l'em-

1. Nithard, ibid.

2. Nithard, ibid. : *in qua divisione non tantum fertilitas aut æqua portio regni quantum affinitas et congruentia cujusque aptata est.* On ne sait rien de précis sur ce partage; le manuscrit de Nithard présente, à cet endroit, une lacune, après ces simples mots : *Evenitque Lodhuwico omnis Fresia.* Le passage suivant de Nithard a fait supposer que la Meuse servait de limite entre les deux parts : *Karolus Mosam, regnum suum ordinaturus, trajecit* (Nithard, IV, 2). — L'étendue même du territoire partagé n'est pas aisée à fixer, il est probable qu'il s'agissait seulement de la *Francia (Ann. Fuld.*, 842 : *partem regni quam eatenus habuit inter se dispertiunt).*

3. Nithard, IV, 3 : *Si vellent aliquid illi supra tertiam partem regni propter nomen imperatoris, quod illi pater illorum concesserat, et propter dignitatem imperii, quam avus regno Francorum adjecerat, augere facerent ; sin aliter, tertiam tantummodo partem totius absque Longobardia, Baioaria et Aquitania illi concederent; regeretque quisque illorum, Deo favente, portionem regni sui prout melius posset ; frueretur alter alterius subsidio ac benevolentia, concederent pacem et leges invicem sibi subjectis ; essetque inter illos, Deo auctore, pax pacta perpes.*

pire tout entier, en vertu de son titre d'empereur; il ne réclamait qu'une part de territoire un peu plus étendue et consentait à laisser ses frères libres dans leurs royaumes. Il acceptait, en un mot, à la place du régime de la *monarchie*, celui de la *concorde*. Ses propositions étaient conçues absolument dans le même esprit que le règlement de Thionville: les termes mêmes qu'il employait différaient peu de ceux dont s'était servi Charlemagne [1]. Ce fut sur ces bases, acceptées tout de suite par Louis et Charles, que s'engagèrent les négociations qui aboutirent à l'accord définitif.

Les lignes principales du partage furent d'abord arrêtées. Les deux rois offrirent à Lother la région comprise entre le Rhin et les Alpes d'un côté, la Meuse, la Saône et le Rhône de l'autre. Après quelques pourparlers il obtint que la limite de son territoire fût reculée à l'ouest jusqu'aux Ardennes. Il fut convenu que ce partage n'était que provisoire; que, dans leur prochaine entrevue, les trois frères diviseraient l'empire, sauf les trois pays susmentionnés, en trois parts aussi égales que possible, et qu'enfin Lother aurait le droit de choisir [2]. Depuis le commencement du règne de Louis le Pieux, l'Italie, la Bavière et l'Aquitaine avaient eu un gouvernement séparé; les deux premiers de ces pays avaient été réservés à Lother et à Louis dans tous les règlements de partage; Charles avait pris en Aquitaine la place de son frère défunt. On ne s'étonnera pas que ces trois royaumes aient été mis hors de contestation.

Au mois de juin, les trois fils de Louis le Pieux se rencontrèrent près de Mâcon, dans une île de la Saône; ils étaient accompagnés chacun d'un nombre égal de fidèles. Ils se bornèrent à ratifier de vive voix ce dont ils étaient convenus déjà par l'entremise de leurs envoyés [3]. Ils échangèrent

1. *V. Divisio* 806, préambule et art. 6.
2. Nithard, ibid.
3. Nithard, IV, 4 : *hoc sacramentum mutuo sibi juraverunt, videlicet ut ab ea die et deinceps invicem sibi pacem conservare deberent et ad placitum quod fideles eorum inibi statuissent, regnum omne absque Longobardia, Baioaria*

ensuite des serments de paix et de fraternité [1] : Lother entra à son tour dans le pacte d'amitié et de concorde que ses frères avaient formé ensemble l'année précédente. Chacun des copartageants choisit quarante commissaires chargés de dresser le projet de partage définitif [2].

Cette commission devait se réunir à Metz, le 1er octobre suivant; elle ne se mit au travail que le 19, à Coblentz, afin de se trouver à égale distance de Thionville, où Lother était venu s'établir, et de Worms où ses frères demeuraient. Mais il s'éleva bientôt une difficulté : personne ne disposait d'une notice complète de l'empire [3]. Sans données précises il était impossible de faire un partage équitable. Les rois consentirent à prolonger la trêve jusqu'au mois de juillet suivant. Dans l'intervalle, on confia à des envoyés spéciaux le soin de recueillir dans les provinces les éléments d'une *description* de l'empire : il s'agissait probablement de dresser un état complet des comtés, évêchés, abbayes, bénéfices et domaines royaux compris dans le territoire à diviser, pour en faire ensuite une égale répartition [4].

et Aquitania cum sacramento, prout æquius possent, in tribus partibus sui dividerent, electioque partium ejusdem regni esset Lodharii; et quique illorum partem quam quisque acciperet, cuique deinde omnibus diebus vitæ suæ conservare deberet, in eo si adversus fratres suos frater suus similiter faceret.

1. Nithard (voir la note précédente); Cf. *Ann. Bert.*, 842 : *sacramentum alter alteri veræ pacis fraternitatisque juraverunt.*

2. C'est le nombre indiqué par les Annales de Fulde; le texte de Nithard (IV, 4) donne un total de cent dix commissaires; mais ce chiffre est probablement altéré; les trois frères durent choisir un nombre égal de délégués.

3. Nithard, IV. 5 : *quæsitum est si quis illorum totius imperii notitiam ad liquidum haberet. Cum nullus reperiretur...* Il faut entendre par *notitia* une liste des divisions administratives; Cf. la *Notitia dignitatum* de l'empire romain.

4. *Ann. Bert.*, 842 : *Inventum est ut missi strenui, per universam suæ ditionis regnum dirigerentur, quorum industria discriptio fieret, cujus serie trium fratrum æquissima regni divisio inrefragabiliter statuto tempore patraretur; Ann. Xantenses*, 843 : *Præfati tres reges miserunt legatos suos proceres, unus quisque ex parte sua, ut iterum per descriptas mansas æque tripertirent regnum Francorum.* Rapprocher de ces textes la *descriptio*, que fit faire Charlemagne en 807, des *beneficia* et *fisci regales* (Pertz, *Leges*, t. I, pp. 175-180). Le passage suivant de Nithard, relatif aux négociations préliminaires (IV, 3), montre qu'on procéda en 842 ainsi que nous l'indiquons : *cum in divi-*

Ces détails ont leur importance. Il ressort évidemment de ce qui précède que les commissaires n'avaient qu'une préoccupation : faire trois parts aussi égales que possible. Comme dans tous les règlements de partage antérieurs, les questions de nationalités eurent très peu d'influence sur leurs décisions ; on ne les voit pas encore apparaître clairement. Au cours de la guerre civile chacun des peuples de l'empire se trouvait représenté à la fois dans les deux partis [1]. Les grands, à quelque race qu'ils appartinssent, n'étaient conduits que par des vues d'intérêt personnel [2]. De là la confusion répandue dans la société carolingienne, et qui inspirait à Nithard ce retour mélancolique : « Au temps du grand Charles d'heureuse mémoire, qui mourut il y a près de trente ans, le peuple marchait d'un commun accord dans la droite voie, la voie du Seigneur ; aussi la paix et la concorde régnaient partout. Mais à présent que chacun marche dans le sentier qui lui plaît, on ne voit partout que discordes et querelles [3]. » C'est toujours à l'oubli des devoirs de la religion et à l'égoïsme des grands que les contemporains attribuent les malheurs de l'empire [4] ; des tendances de la part des peuples à former des groupes politiques distincts ne s'aperçoivent nulle part dans les textes.

V

Ce fut seulement dans les premiers jours du mois d'août

sione regni quatuor dies vel eo amplius morarentur, tandem visum est ut... omnes videlicet episcopatus, abbatias, comitatus, fisca eis Alpibus consistentia... in parte regni tertia offerrent.

1. *Adonis Chronicon* (Pertz, *Scriptores*, t. II, p. 322) : *bellum sociale civile conserunt, non armis dissimiles, non habitu gentis distincti, solum castris obversi.*

2. Dümmler, t. I, p. 140.

3. Nithard, IV, 7.

4. V. le *Manuel de Dhuoda*, publié par M. Bondurand, Paris, 1887, pp. 66-67, 131, 205 et *passim*.

843 que les fils de Louis le Pieux, réunis à Verdun, réglèrent d'une façon définitive le partage de l'empire [1]. Nous ne possédons pas l'original du traité; il faut nous contenter de ce qu'en disent les historiens et des allusions éparses dans des lettres ou des actes publics. L'ouvrage de Nithard est malheureusement inachevé et ne nous conduit pas au delà des préliminaires. Le texte le plus important est celui des Annales de Saint-Bertin; l'évêque Prudence parle en ces termes du partage de Verdun : « Lors de la distribution des parts, Louis reçut tous les pays situés au delà du Rhin et, en deçà du Rhin, les cités de Spire, Worms et Mayence avec leurs comtés. Lother eut la région comprise entre le Rhin et l'Escaut d'abord jusqu'à la mer; sa frontière suivait ensuite le comté de Cambrai, celui du Hainaut, les comtés *Lomensis* et *Castritius* [2] et ceux qui bordent la Meuse en deçà jusqu'au confluent de la Saône et du Rhône, puis le Rhône jusqu'à la mer, entourant de même les comtés placés sur les deux rives. En dehors de ces limites, Lother acquit l'abbaye d'Arras [3] qu'il ne dut qu'à la bonté de son frère Charles. Tout le reste jusqu'à l'Espagne, échut à Charles [4]. »

1. *Ann. Bert.*, 843 : *Karolus ad condictum fratribus obviam pene Virodunum conjungitur, ubi distributis portionibus...; Ann. Fuld.*, 843 : *Descripto regno a primoribus et in tres partes diviso, apud Viridunum Galliæ civitatem tres reges mense Augusto convenientes regnum inter se dispertiunt.* L'époque précise peut être fixée à l'aide d'un acte de vente daté du 10 août 843 et qui mentionne le partage de Verdun. V. Mühlbacher, *Regesta imperii*, p. 412. — Nous ne connaissons qu'une seule monographie consacrée au traité de Verdun, celle de Fr. Suklje, *Die Entstehung und Bedeutung des Verduner Vertrags* (Progr.), Laybach. 1876, 26 pages.

2. Le Hainaut tirait son nom de la Haine qui le traversait et s'étendait sur les deux rives de la Sambre. Le *Lomensis pagus* était situé entre la Sambre et la Meuse; le *Castritius*, au sud du précédent, sur la rive droite de la Meuse, autour de Sedan. V. Longnon, *Atlas histor. de la France*, 2e fascicule.

3. Le texte porte *Atrebates tantum;* mais il s'agit seulement de l'abbaye de Saint-Vaast. V. Longnon, *Atlas histor.*, p. 72, note 2.

4. *Ann. Bert.*, 843 : *Distributis portionibus, Hludowicus ultra Rhenum omnia, citra Renum vero Nemetum, Vangium et Moguntiam civitates pagosque sortitus est; Hlotharius intra Renum et Scaldem in mare decurrentem, et rursus per Cameracensem, Hainaum, Lomensem, Castritium et eos comitatus qui Mosæ citra contigui habentur usque ad Ararem Rodano influentem et per deflexum Rodani in mare, cum comitatibus similiter sibi

Ces détails sont trop précis pour ne pas être empruntés à un document officiel; il est facile de reconnaître ici les formes de rédaction employées d'ordinaire dans les traités de délimitation. Prudence s'est donc servi de l'acte original du partage. Cette remarque donne à son témoignage une valeur particulière. On peut d'ailleurs le contrôler à l'aide d'un autre document. Le royaume de Lother fut partagé, en 870, entre Charles et Louis le Germanique; l'archevêque de Reims, Hincmar, qui rédigeait à ce moment les Annales de Saint-Bertin, a reproduit la *formule* de ce partage [1]. Il ressort de la comparaison des deux textes que Prudence a fort exactement indiqué la limite qui séparait les royaumes de Charles et de Lother. Quant à la frontière orientale du royaume de Lother, elle suivait effectivement le Rhin sur la plus grande partie de son cours; mais l'empereur possédait au delà du Rhin la Frise [2]. Par contre, plusieurs autres textes nous autorisent à placer dans la part de Louis le Germanique le duché de Coire ou Rhétie, situé sur la rive gauche du fleuve [3]. Ces deux omissions sont peu graves : la Frise fut presque sans interruption, pendant de longues années, occupée par les Normands [4]; la Rhétie, d'autre part, couverte de montagnes, n'était pas un territoire d'une grande valeur.

utrique adherentibus. Extra hos autem terminos, Atrebates tantum Karoli fratris humanitate adeptus est. Cetera usque ad Hispaniam Karolo cesserunt.

1. *Ann. Bert.* 870.

2. Longnon dit à ce propos (*Atlas historique*, p. 73) : « Cet acte (l'acte de partage de 870) ... nous a permis de tracer avec une exactitude absolue la limite « intérieure des trois États créés par le traité de Verdun; il complète les rensei- « gnement donnés par Prudence, en indiquant parmi les possessions de Lothaire « une province d'outre-Rhin, la Frise, et son étude attentive permet d'établir, « contrairement à l'opinion exprimée en plus d'une carte de la dernière édition « de Spruner, qu'il ne comprenait, en dehors de cette région, aucun *pagus* de la « rive droite du Rhin. » V. Suklje, ouvr. cité, p. 20.

3. Ce sont d'abord deux textes relatifs au partage que Louis le Germanique fit de ses Etats entre ses fils : *Adonis continuatio* (Pertz, *Scriptores*, t. II, p. 325): *Carolo Alemanniam et Curwalam dereliquit; Erchamberti contin.* (Pertz, ibid., p. 329) : *Carolum Alemanniæ, Rhætiæ majori et etiam Curiensi rectorem dirigeret.* Cf. *Ann. Xantens.* 869 : *Ludowicus in oriente et Sclavis, Bevaria, Alamannia et Coria* (regnavit).

4. V. *Ann. Bert.* 834-855, passim.

On comprend que l'historiographe de Charles le Chauve ait mis plus de soin à décrire la frontière qui l'intéressait davantage. Nous ferons enfin observer que, s'il ne prolonge pas la limite orientale au delà des sources du Rhin, c'est que l'Italie et la Bavière se touchaient par les Alpes et que ces deux pays n'étaient point compris dans le partage, comme on l'a vu plus haut : c'est une nouvelle preuve que Prudence avait sous les yeux l'original du règlement [1].

Le rédacteur des Annales de Fulde, le moine Rodolphe, est infiniment plus bref; il se contente de cette vague indication : « Les trois frères se partagèrent le royaume : Louis reçut la portion orientale, Charles, la portion occidentale, Lother, qui était l'aîné, celle du milieu. Ils firent entre eux la paix, la confirmèrent par serment; puis *chacun s'en alla pour s'occuper de l'administration et de la défense de son royaume* [2]. » L'archevêque de Vienne, Adon, avec lequel Charles le Chauve eut des relations d'amitié, mentionne aussi le partage en quelques mots dans sa Chronique : « L'empire, une fois divisé, *chacun va gouverner et administrer sa part* [3]. »

Ces deux textes ne nous apprennent rien sur le partage; mais la dernière phrase mérite quelque attention. Rodolphe et Adon emploient des termes à peu près identiques, tout à fait semblables à ceux dont se servaient Lother, quand il fit ses propositions de paix (*regeret quisque illorum, Deo favente, portionem regni sui* [4]) et Charlemagne lui-même, dans le préambule des statuts de Thionville (*portionem*

1. Ces pays sont mentionnés dans les chroniques postérieures qui n'ont pas été rédigées à l'aide de documents officiels.

2. *Ann. Fuld.* 843 : *Regnum inter se dispertiunt : et Hludowicus quidem orientalem partem accepit, Karolus vero occidentalem tenuit, Hlotharius qui major natu erat, mediam inter eos sortitus est portionem. Factaque inter se pace et juramento firmata, singuli ad disponendas tuendasque regni sui partes revertuntur.*

3. *Adonis Chronicon* (Pertz, *Scriptores*, t. II, p. 322) : *Diviso postmodum imperio, unusquisque eorum ad partem suam regendam et disponendam progreditur.*

4. Nithard, IV, 3.

quam quisque illorum tueri vel regere debeat [1]). Il semble que ce soit là en quelque sorte une expression consacrée pour dire que chacun des copartageants est roi et maître sur son territoire. Il est permis de supposer que l'acte de Verdun contenait une phrase de ce genre [2]; elle équivalait à l'abrogation formelle des clauses du règlement de 817 qui conféraient à Lother un droit de gouvernement supérieur sur tout l'empire.

Le traité renfermait-il d'autres articles? On l'ignore absolument. Mais, à notre avis, le silence du rédacteur des Annales Bertiniennes est une preuve du contraire. « Après les serments, dit-il, on se sépara enfin, chacun allant de son côté [3]. » Si les rois avaient fait, en 843, un règlement général pareil à ceux qui sont joints aux partages antérieurs, Prudence l'eût au moins mentionné; s'il n'en dit rien, c'est qu'à Verdun la question du partage fut seule réglée [4].

On sait, en revanche, à quels serments il fait allusion ; il en est parlé à plusieurs reprises dans des lettres de rois, d'évêques ou de papes. Chacun des copartageants promit de respecter la part de ses frères et de la laisser à leurs fils ; tous trois s'engagèrent l'un envers l'autre à ne jamais franchir les limites de leurs territoires respectifs et se jurèrent une mutuelle amitié [5]. Ce fut sous cette forme qu'ils fi-

1. *Divisio* 806 (Boretius, p. 126).

2. Les Annales dites d'Eginhard, qui mentionnent le règlement de 806, sans l'analyser, reproduisent le passage en question du préambule de cet acte ; Adon et le moine Rodolphe ont sans doute aussi reproduit une phrase de l'*adnuntiatio ad populum* de 843.

3. *Ann. Bert.* 843 : *Factisque sacramentis, tandem altrinsecus est discessum.*

4. Lother conserva l'autorité sur l'Etat pontifical qui était devenue le privilège exclusif de l'empereur. Après l'élection du pape Sergius II, successeur de Grégoire IV, il envoya à Rome son fils Louis avec l'évêque de Metz, Drogo, *acturos ne deinceps decedente apostolico quisquam illic præter sui jussionem missorumque suorum præsentiam ordinetur antistes* (*Ann. Bert.* 844); cf. *Vita Sergii papæ*, II, cap. 15 : *tam pontifex quam rex et omnes archiepiscopi atque episcopi... fidelitatem Lothario promiserunt.*

5. Lettre de Charles le Chauve au pape Hadrien II (D. Bouquet, t. VII, p. 449) : *Divisione regnorum facta, pacem fecimus et jurejurando juravimus, quod nemo nostrum regni alterius metas invaderet.* Lettre du pape Jean VIII

rent ensemble un pacte solennel d'union; les textes l'appellent de noms divers, *pax, fœdus amicitiæ, concordia* [1]. Comme en 842, à Strasbourg, les fidèles se portèrent garants de ces promesses et jurèrent de maintenir le partage de Verdun [2]. Les formules de ces divers serments furent envoyées à Rome pour y être soumises à l'approbation du pape, comme l'avaient été jadis les règlements de 806 et de 817 [3]. Ainsi le traité de 843, autant que nous en pouvons juger par ces renseignements trop brefs, fut la reproduction exacte des préliminaires de l'année précédente; les emprunts faits aux statuts de Thionville par les petits-fils de Charlemagne sont encore faciles à reconnaître [4].

Cette étude serait incomplète, si nous ne jetions un rapide

à Louis le Germanique (Jaffé, *Regesta pontificum Romanorum*, n° 3000) : *An ignoratis quod tam ipse Lotharius imperator et Ludovicus genitor vester atque Karolus reges inter se divisionem fecerint, ut sibi et filiis suis singulas metas ad invicem conservantes et amicitiam mutuam custodirent et nemo eorum fraternam sortem transiliret.*

1. Voir la lettre de Charles le Chauve, citée dans la note précédente. Cf. *Ann. Fuld.* 843; lettre de Lother au pape Léon IV (D. Bouquet, VII, 566) : *Firmato inter nos fratresque nostro amicitiæ fœdere, regnum nostrum æqualiter... divisum*; acte de vente du 10 août 843 (*Regesta imperii*, édit. Mühlbacher, p. 412): *Civitate Viriduna, ubi trium fratrum Hludharii, Hludowici et Karoli facta est concordia et divisio regni ipsorum.*

2. Au placite de Savonnières, en 859, Charles le Chauve prononce les paroles suivantes (Pertz, *Leges*, t. I, p. 462) : *Partem divisionis cum mutuis nostris scilicet nostrorumque fidelium sacramentis... suscepi*; lettre d'Hincmar à Louis le Germanique (D. Bouquet, VII, 520) : *Frater vester... cum vestris vestrorumque fidelium mutuis firmitatibus regni partem accepit*; lettre du même à Louis le Bègue (D. Bouquet, VII, 550) : *Seniores et regni primores in très partes regnum diviserunt et per sacramenta ipsam divisionem stabilem esse debere confirmaverunt.*

3. Lettre du pape Hadrien II à Charles le Chauve (D. Bouquet, VII, 449) : *Vestra vestrorumque juramenta sedi apostolicæ destinata discussimus, roboravimus, et in archivo nostro hodie illa recondita retinemus*; Lettre du pape Jean VIII au même (Jaffé, *Regesta pontif. Roman.* n° 3000) : *ipsum juramentum, ut removeri non posset, sedi apostolicæ ut illa super hoc esset posteriori tempore testis et judex, unanimiter transmiserunt et in archivio nostræ ecclesiæ nunc manet reconditum.*

4. Rapprocher le texte des serments de Verdun de l'art. 6 du règlement de Thionville : *ut nullus eorum fratris suis terminos vel regni limites invadere præsumat.* Les fils de Louis le Pieux se sont inspirés aussi de l'art. 5 du même règlement lorsqu'ils ont garanti à leurs neveux l'héritage de leur père. V. la lettre du pape Jean VIII citée plus haut : *ut sibi filiis suis singulas metas ad invicem conservantes.*

coup d'œil sur le régime qui prévalut dans l'empire carolingien à la suite de ce traité. A partir de 843, l'unité de l'empire disparaît; l'idée en subsiste cependant [1]. Lother écrit au pape Léon IV, après le partage de Verdun : « *Notre royaume* a été divisé en trois parts égales, je veux dire sectionné [2]. » Ses frères et lui portent tous trois également le titre de *rex Francorum* [3]. Ils parlent à chaque instant de leur *commun royaume*, de leurs *fidèles communs* [4]. Il semble, à les entendre, que l'empire soit resté indivis entre eux. De temps à autre, ils ont ensemble des conférences où ils s'occupent des intérêts généraux de l'empire et arrêtent des mesures d'ordre public communes aux trois royaumes. Ces conférences ont lieu en 844 à Thionville [5], en 847 et en 851 à Mersen [6]; après la mort de Lother, ses frères en tiennent de semblables avec leurs neveux [7]. Tous les rois carolingiens paraissent former entre eux une sorte de confédération dont le but est de travailler au commun profit, à la défense de l'empire, au maintien de l'ordre et de la paix à l'intérieur [8].

Le règlement d'Aix-la-Chapelle, en 817, ordonnait à Lother et à ses frères de tenir des réunions analogues. Mais Louis et Pépin étaient obligés de se rendre régulièrement chaque année auprès de Lother; ils lui présentaient un rapport sur la situation de leurs royaumes; ils lui devaient des dons comme au véritable souverain. Les conférences pos-

1. Faugeron, *De fraternitate, seu colloquiis inter filios et nepotes Ludovici Pii*, 1868 (thèse), p. 8-10.

2. D. Bouquet, t. VII, p. 566 : *Regnum nostrum æqualiter in tres partes divisum, imo distinctum.* Le dernier mot est difficile à rendre : il renferme une atténuation de l'idée de partage. *Cf. Convent. apud Marsnam* (847), Pertz, *Leges*, I, 393, art. 4 : *Ut ecclesia Christi per omne eorum regnum.*

3. V. Dümmler, I, p. 206.

4. *Capit. ap. Marsnam* (Pertz, *Leges*, I, 393) : *in nostro communi regno*; *Capit. Silvac.* (853), ibid. p. 423 : *cum fidelibus nostris communibus.*

5. *Ann. Bert.* 844.

6. *Conv. ap. Marsnam* (847), Pertz, *Leges*, I, p. 393 et suiv.; *Conv. ap. Marsnam* (851), *Leges*, I, p. 407 et suiv. ; Cf. *Ann. Bert.* 851.

7. A Coblentz, en 860 (*Leges*, I, p. 469, *Ann. Bert.* 860); à Savonnières, près de Toul, en 862 (*Leges*, I, p. 486).

8. Faugeron, ouvr. cité, p. 18; Bourgeois, *Le capitulaire de Quiersy-sur-Oise*, p. 220.

térieures au traité de Verdun ont un tout autre caractère. Elles ne sont pas périodiques et n'ont lieu que lorsque les rois en reconnaissent la nécessité et qu'ils se sont mis d'accord sur l'endroit et sur la date de leur entrevue [1]. Celui d'entre eux qui a hérité du titre impérial n'y occupe pas un rang plus élevé que les autres. Tous trois se traitent d'égaux, de *pairs* [2]. Leurs capitulaires ne font même jamais mention de l'*empereur*.

L'unité de l'empire n'est plus qu'une unité morale et religieuse. Ce qui rapproche les rois, c'est le souvenir du pacte de fraternelle concorde qui les lie l'un à l'autre [3]. Ils ne se séparent jamais sans le renouveler en termes formels ; ils l'inscrivent en tête de leurs décrets communs. Ceux de 847 débutent ainsi : « Paix, concorde, unanimité entre les rois frères ; que le lien d'une charité sincère et non feinte les unisse, que personne ne sème entre eux des occasions de querelle. — Qu'ils se prêtent un mutuel secours et s'aident entre eux contre leurs ennemis, ceux de Dieu et de la sainte Église [4]. » Les trois premiers articles des capitulaires de 851 sont remplis de promesses de paix, de pardon, d'oubli mutuel des injures, de fraternel amour : « Qu'il y ait entre nous, Dieu aidant, à partir de ce jour, un tel penchant de sincère charité, découlant d'un cœur pur, d'une bonne conscience, d'une foi non feinte, exempte de ruse et de dissimulation, qu'aucun de nous ne souhaite de mal au royaume

1. *Conv. apud Sablonarias* (862), *Adnunt Illudov.*. (*Leges*, I, 486) : *Convenit nobis ut congruo tempore et oportuno loco iterum simul conveniremus... Et ad hæc agenda jam per tres vices et tempus et locum condiximus.* Les rois semblent s'inspirer plutôt de l'art. 16 du règlement de 806. Voir plus haut.

2. Faugeron, ouvr. cité, pp. 34, 67.

3. Faugeron, ibid., p. 25 ; Dummler, I, p. 208 : « L'unité de l'empire ne consiste plus dans la subordination des plus jeunes frères à l'aîné, mais dans leur action commune, dans leur concours amical et fraternel. »

4. *Conv. ap. Marsnam* (Pertz, *Leges*, I, 393), art. 1 : *De pace et concordia atque unanimitate trium fratrum et regum inter se, et quod verissimo et non ficto caritatis vinculo sint uniti, et ut nullus deinceps scandalorum inter eos occasiones serere possit* ; art. 2 : *Ut ipsi mutuo sibi auxilientur et contra Dei sanctæque ecclesiæ ac suos inimicos secundum oportunitatem temporis invicem adjuvent.*

ou aux fidèles de son pair, ne forme de mauvais desseins contre lui. — Que chacun soutienne fidèlement son pair de son conseil et de son aide, partout où il sera nécessaire et de tout son pouvoir, par lui-même, ses fils ou ses fidèles [1]. »

Cette union intime des rois carolingiens est le résultat des efforts de l'Église. Un an seulement après le partage de Verdun, un synode d'évêques adresse aux rois réunis à Thionville les conseils suivants : « Si vous voulez avoir, pour le moment, un règne heureux et être sauvés plus tard, appliquez-vous à pratiquer entre vous cette charité enseignée par l'apôtre, d'un cœur pur, d'une conscience droite et d'une foi sincère. — On connaîtra, a dit le Seigneur, que vous êtes mes disciples, si vous vous aimez les uns les autres. — Si l'un de vous le demande, aidez-le selon vos forces, d'un conseil sincère et d'un prompt secours, car il est écrit que le frère qui est aidé par son frère est comme une cité inébranlable. Ainsi donc, à ce peuple qui vous est confié donnez cette paix dont le Christ, montant au ciel, a laissé l'immense bienfait à ses fidèles, en leur disant : Je vous laisse ma paix, je vous donne ma paix, sans laquelle personne ne verra Dieu [2]. » Les rois ont fait, dans leurs capitulaires, plus d'un emprunt à ce discours, ce qui montre quelle part les évêques

1. *Conv. apud Marsnam* (*Leges*, I, p. 408), cap. 2 : *Ut tanta, Domino cooperante, inter nos veræ caritatis benignitas abhinc inante maneat de corde puro et conscientia bona et fide non ficta, sine dolo et simulatione ut nemo suo pari suum regnum aut suos fideles... discupiat aut forsconsiliet;* Cap. 3 : *Ut unusquisque fideliter suum parem ubicumque necessitas illi fuerit et ipse potuerit, aut per filium aut per fideles suos et consilio et auxilio adjuvet.*

2. *Capit. in synodo apud Theod. villam habita* (Pertz, *Leges*, I, 381) : *Si et in præsenti feliciter regnare et in futuro cupitis esse salvi... caritatem illam quam apostolus docuit, de corde puro et conscientia bona et fide non ficta inter vos studete habere... Dominus docuit, dicens : In hoc cognoscent omnes quia mei estis discipuli, si dilectionem habueritis ad invicem... Quocumque quis indiget, pro viribus vero consilio et prompto auxilio ab altero adjuvetur, quoniam scriptum est : Frater qui adjuvatur a fratre, quasi civitas firma... Ita in populum vobis commendatum... pacem illam disseminate quam Christus in cœlum ascendens fidelibus suis munere magno reliquit, dicens : Pacem relinquo vobis, pacem meam do vobis, sine qua nemo videbit Deum.*

ont eue dans la réunion de ces congrès. Sans doute leurs exhortations sont rarement écoutées et pour peu de temps; elles ont sans cesse besoin d'être répétées. Mais elles parviennent aussi plus d'une fois à rétablir la paix, lorsqu'elle a été troublée par l'un des frères. En 859 le synode de Metz chargea une délégation de neuf évêques de ramener à la concorde Louis le Germanique; ces évêques sont appelés les ambassadeurs du Christ, les *messagers de la paix chère à Dieu* [1]. A la suite de cette démarche eut lieu le plaid de Coblentz, en 860, dans lequel les rois recommencèrent à discuter ensemble les intérêts de l'empire tout entier.

Le chef de l'Église veille attentivement au maintien d'un tel accord. Avant la bataille de Fontanet, le pape Grégoire IV a déjà fait auprès des frères ennemis une tentative de conciliation [2]. A partir de 843, les papes, que les rois ont constitués les gardiens de leurs serments, interviennent fréquemment au milieu de leurs querelles, soit pour prévenir une rupture, soit pour les rappeler au respect de la foi jurée [3]. Ils tracent aux évêques leurs devoirs sur ce point, stimulent leur zèle, les gourmandent quand leur ardeur se relâche, encouragent leurs efforts [4]. En 876 le pape Jean VIII reproche aux évêques de Germanie de n'avoir pas détourné leur roi d'envahir le royaume de son frère. A ce propos il leur montre ce que doit être le rôle de l'Église dans la société chrétienne : « Lorsque la concorde règne dans les cœurs, nous les enveloppons dans la paix de l'Église; s'ils sont

1. Pertz, *Leges*, I, 458, cap. 1 : *legatione pro Christo fungentes, vos fratres carissimi, legatos Deo amatæ pacis... ordinamus.*

2. *Agnelli Liber pontif. Ravenn.*, cap. 174 (Muratori, *Scriptores*, II, 185; cf. *Ann. Bert.* 841. Prudence fait par erreur de l'archevêque Georges de Ravenne un envoyé du pape; il se rencontra seulement avec les envoyés pontificaux dans le camp de Lother.

3. V. Jaffé, *Regesta pontif. Roman.*, 2e édit. Leipzig. 1885, t. Ier, nos 2727, 2773-2775, 2788, 2795-2796, 2920, 2926, 2930, 2961, 3000, 3044.

4. Lettre du pape Hadrien II aux évêques du royaume de Germanie (D. Bouquet, VII, 452) : *utpote fidei custodes invigilatis et ut fœdera inter eos habita inconvulsa maneant, suadere curatis*; cf. Jaffé, ouvr. cité, nos 2774-75, 2918-19, 2921, 2927-28, 3037-39.

désunis, nous les ramenons à la grâce de la concorde [1]. » Les papes s'adressent enfin aux comtes et aux grands de chaque royaume; ils les invitent à garder leur foi à leur seigneur ou à l'empêcher de violer la sienne envers ses frères [2]. Rois et fidèles sont liés, en effet, par les mêmes serments; les uns et les autres ont pris, à Verdun, l'engagement de maintenir la paix.

La plupart des historiens de France ou d'Allemagne font commencer à la date de 843 l'histoire particulière de leur nation [3]. Il est vrai que le royaume de Charles correspondait à peu près à la France actuelle et qu'on y parlait surtout des idiômes romans; que celui de Louis comprenait la plus grande partie des peuples de langue tudesque. Mais le partage de Verdun ne résultait pas d'aspirations nationales; du moins les textes ne les montrent pas [4]. On peut remarquer que toutes les races et toutes les langues étaient représentées dans la population du royaume de Lother; ceux de ses frères mêmes étaient loin d'avoir une population homogène. Dès lors ceux qui n'ont vu dans les évènements de 843 que la formation de deux peuples distincts par l'origine et par le langage ont contribué à fausser le sens de ces évènements, à dénaturer le véritable caractère du traité de Verdun [5].

1. D. Bouquet, VII, 460 : *concordantes animos aut sub ecclesiasticæ pacis unione complectimur, aut discordes ad concordiæ gratiam revocamus.*

2. Jaffé, *Regesta*, n°s 2708, 2799, 2917, 2921, 2929, 3037, 3040.

3. Suklje, ouvr. cité, p. 5, 22; Giesebrecht, *Deutsche Kaiserzeit*, t. I, p. 138; Waitz, *Deutsche Verfassungsgesch.* t. IV (2e édit. 1885), p. 701 : *Fortan besteht ein deutsches Reich : der Verduner Vertrag hat es in die Geschichte eingeführt.* M. Meyer a simplement reproduit cette conclusion. Cf. Henri Martin, *Hist. de France*, t. II, p. 421 : « L'histoire des origines est achevée; l'histoire de France proprement dite commence. » M. Dareste (*Hist. de France*, 3e édit. 1884, t. Ier, p. 443) a formulé une opinion analogue, mais en y apportant quelque réserve.

4. Faugeron, ouvr. cité, p. 25.

5. D'après Suklje, ouvr. cité, p. 22-26, le traité de Verdun a encore modifié les rapports de l'aristocratie avec la royauté et de l'Église vis-à-vis de l'État, c'est-à-dire qu'il a préparé à la fois l'établissement du régime féodal et de la théocratie pontificale. Cette opinion nous paraît aussi exagérée que celle que nous combattons ici. Il est plus simple de rechercher, comme nous le faisons, la relation directe qui existe entre le traité de Verdun et les faits qui l'ont précédé ou immédiatement suivi.

Il faut juger ce traité comme le jugeaient les contemporains eux-mêmes, n'y voir autre chose qu'un règlement de succession analogue à tous ceux qui l'ont précédé ou suivi dans l'histoire de la monarchie franque. Mais ce règlement acquiert, par suite des circonstances, une portée bien différente de celle qu'ont eue tous les autres.

Il y avait, en 843, près d'un demi-siècle qu'une grave question s'était posée au sujet de l'héritage de Charlemagne. La coutume franque exigeait que cet héritage fût divisé en parts égales entre les fils de l'empereur. Mais quelques politiques, des dignitaires de l'Église surtout, subissant peut-être l'influence des souvenirs de l'empire romain, effrayés à coup sûr des dangers de ce partage, avaient voulu conserver intacte l'unité de l'État carolingien. Leur tentative, plusieurs fois renouvelée, venait d'échouer définitivement. Le traité de Verdun y mit pour toujours un terme. A ce point de vue il justifiait les plaintes fameuses du diacre Florus : « Ce royaume, beau entre tous, florissait sous un brillant diadème : il n'y avait qu'un prince, il n'y avait aussi qu'un peuple... Dépouillé de son diadème, il a perdu le nom et la dignité d'empire : de ce royaume uni on a fait trois parts. Personne ne mérite plus le titre d'empereur; au lieu d'un roi, un roitelet, au lieu d'un royaume, des morceaux de royaume. On parle de la paix, alors qu'on ne goûte aucun des bienfaits de la paix [1]. » Florus appartenait à l'église de Lyon, naguère encore dirigée par l'un des plus vaillants défenseurs de l'unité, l'archevêque Agobard. Ses plaintes traduisaient précisément les amers regrets, le désespoir sincère qu'avaient

1. *Flori diaconi Lugdun. querela de divisione imperii* (D. Bouquet, t. VII, p. 301-304) :

Floruit egregium claro diademate regnum.
Princeps unus erat, populus quoque subditus unus.
. . . . Diademate nudus
Perdidit imperii pariter nomenque decusque,
Et regnum unitum concidit sorte triformi
Induperator ibi prorsus jam nemo putatur:
Pro rege est regulus, pro regno fragmina regni.
. . . .
Et pacem vocitant, nulla est ubi gratia pacis.

éprouvés, lors du partage de Verdun, les derniers partisans de l'unité de l'empire.

Le traité de Verdun ouvrait en même temps une période nouvelle dans l'histoire de l'empire carolingien [1]. A l'unité de direction politique qui avait pu se maintenir pendant près de soixante-dix ans sous Charlemagne et sous Louis le Pieux, succédait un régime qu'on a défini très justement le régime de la *Fraternité* ou de la *Concorde* [2] : l'idée de la concorde fraternelle qui doit régner entre les chrétiens en était la base essentielle [3]. L'Église franque en a conçu la première le plan; elle a travaillé, à partir de 843, à l'organiser et l'a soutenu de tous ses efforts. Dans la pensée des évêques, l'*unité de la paix et de la concorde* [4] devait compenser la perte de l'unité politique; ils espéraient, jusqu'à un certain point, en tirer le même profit. Il faut reconnaître que ce résultat avait été préparé, dans une large mesure, par le règlement de Thionville. La solution qui fut donnée, en 843, au problème de l'héritage de Charlemagne était conforme tout à la fois aux desseins du fondateur de l'empire et aux plus anciennes traditions de la monarchie franque.

1. V. Bayet, *Revue historique*, t. 32 (1886), p. 182-183.
2. V. les ouvrages déjà cités de Faugeron et de M. Bourgeois.
3. C'est à tort que Faugeron (ouvr. cité, p. 25) en place l'origine dans la parenté très puissante chez les Germains.
4. Lettre du pape Hadrien II (D. Bouquet, VII, 449) : *Pacis et concordiæ unitas*. Le texte suivant montre que pour l'Église les idées d'unité et de paix étaient étroitement associées; c'est un décret du synode de Mayence de 851, (Pertz, *Leges*, I, p. 411) : « *Sane opus est ut pax et concordia sit atque unanimitas in populo christiano quia unum Deum patrem habemus in cœlis et unam matrem Ecclesiam, unam fidem, unum baptisma : ideo in una pace et unanimitate concorditer vivere debemus, si ad unam et veram hereditatem regni cœlestis cupimus pervenire* ». Le synode était présidé par Raban Maur, un des partisans de Lother et de la cause de l'unité, auquel, pour ce motif, Louis le Germanique avait retiré en 842 l'abbaye de Fulde. V. Ebert, *Hist. de la littérat. lat. au moy. âge*, t. II de la traduct. française.

APPENDICE

Dans l'étude qui précède sur le traité de Verdun, nous avons laissé de côté tous les textes non officiels rédigés vers la fin du IXe siècle ; un rapide examen de ces textes montrera que nous étions en droit de les négliger [1].

Le premier est emprunté à une *Historia regum Francorum*, sorte de précis très court où sont notés les principaux événements de l'histoire de la famille carolingienne entre 840 et 870, la bataille de Fontanet, le partage de Verdun, ceux de 855 et de 865 entre les fils de Lother et ceux de Louis le Germanique, le partage du royaume de Provence entre Louis II et Lother II. Aucun indice ne révèle la provenance de cet écrit [2].

Viennent ensuite les Annales dites de Xanten [3]. A la date de 869, elles donnent la distribution de l'empire carolingien et nous renseignent ainsi indirectement sur le traité de Verdun. Le rédacteur inconnu de ces Annales appartenait, semble-t-il, à une région voisine du Rhin. Il écrivait dans le dernier tiers du IXe siècle [4], au milieu des incursions des Normands et des Hongrois qui troublaient sans cesse le pays,

1. Suklje. ouvr. cité, p. 14-18, a fait cet examen, mais sans marquer suffisamment ce qui distingue ces textes de celui de Prudence.

2. Pertz, *Scriptores*, II, 324.

3. Pertz, ibid., II, 217-235.

4. Le dernier fait qu'il mentionne est de l'année 873.

et probablement sans le secours d'aucun document; il commet de fréquentes erreurs de dates [1].

Nous avons encore deux textes dûs, l'un à un moine de Reichenau, continuateur du *Breviarium* d'Erchembert [2], l'autre à un moine du Mont-Cassin qui a nom Erchampert et est l'auteur d'une *Historia Langobardorum* [3]. Tous deux rédigent leur chronique au temps de Charles le Gros, de 884 à 888. Ils sont mal placés pour recueillir des informations sûres : le monastère de Reichenau n'a pas, à cette époque, pris le développement auquel il devait atteindre deux siècles plus tard, celui du Mont-Cassin est pillé par les Sarrasins qui ravagent le midi de l'Italie [4].

On peut enfin consulter, sur le traité de Verdun, la chronique de l'abbé de Prüm, Réginon [5]. Cet ouvrage a une grande valeur; malheureusement, pour la période qui nous intéresse, les documents ont fait à peu près défaut à Réginon. Il ne connaissait pas les Annales de Fulde et de Saint-Bertin, ni l'ouvrage de Nithard [6]; ses erreurs de chronologie ne sont pas rares. Il a dû écrire dans les premières années du xe siècle [7].

On voit que ces différents textes présentent peu de garanties d'exactitude. Sans relations avec les princes, les auteurs que nous venons de citer ne pouvaient puiser leurs informations aux sources officielles; ce qu'ils savent leur est fourni par la tradition orale. Encore leur champ de renseignements ne s'étend-il guère au delà des limites de leur canton [8]; les fréquentes incursions des Normands, des Hongrois, des Sarrasins rendaient les routes moins sûres et par suite les rela-

1. V. Wattenbach, *Deutschlands Geschichtsquellen*, 4e édit. 1877, t. I, p. 214.
2. Pertz, *Scriptores*, II, 329.
3. Waitz, *Scriptores rerum Langobardicarum*, p. 239.
4. W[illegible]nbach, ouvr. cité, t. I, p. 248.
5. [illegible] *Scriptores*, t. I, p. 536-612.
6. Il déclare lui-même qu'il n'a pu trouver aucun document pour le règne de Louis le Pieux. V. Pertz, *Scriptores*. t. I, p. 566.
7. Sa chronique s'arrête en 906, Réginon est mort en 915.
8. Wattenbach, ouvr. cité, t. I, p. 213-214.

tions plus difficiles entre les diverses parties de l'empire. Il faut remarquer en outre que les royaumes issus du partage de 843 furent démembrés à leur tour au bout de quelque temps, que les nouveaux partages de 855, 863, 865, 870, durent produire quelque confusion dans les esprits et faire oublier rapidement les frontières fixées par le traité de Verdun.

Les Annales Bertiniennes, dans lesquelles un évêque fort bien renseigné, grâce à ses attaches avec la cour de Charles le Chauve, mêlé lui-même aux affaires du gouvernement, enregistrait au fur et à mesure les événements dont il était témoin, méritent infiniment plus de confiance. Nous ferons toutefois quelques réserves en faveur de Réginon. Ce chroniqueur a vécu dans une abbaye impériale, celle de Prüm, et à l'évêché de Trèves; il se peut qu'il ait utilisé des pièces officielles conservées dans les archives de ces maisons [1]. Nous ne serions pas loin d'accorder aussi quelque valeur à *l'Historia regum Francorum* dont il a été question plus haut. On constate que ce document a été connu et copié dans des régions diverses. Le continuateur d'Adon de Vienne, un Bourguignon sans doute, l'a reproduit mot pour mot [2]. De même le moine Hariulf, qui écrivait au XIIe siècle la chronique de Saint-Riquier en Picardie [3]. On le trouve encore transcrit dans le cartulaire de Sithiu [4], composé au Xe siècle, et dans les manuscrits des chroniques de Saint-Wandrille en Normandie et de William de Malmesbury en Angleterre [5]. La vogue dont paraît avoir joui au moyen âge ce résumé sec et tout impersonnel, vient peut-être de ce que les Grandes Annales, peu répandues et jalousement gardées, ont servi à le

1. L'abbaye de Prüm fut l'objet des faveurs de Lother Ier; c'est là qu'il prit l'habit monastique, quelque temps avant sa mort. V. Wattenbach, I, p. 211-213.

2. Pertz, *Scriptores*, t. II, p. 324.

3. D. Bouquet, VII, 244.

4. Simson, *Ludwig der Fromme*, II, 97, note 4. Voir le *Chartul. Sithiense*, publié par Guérard, p. 89. L'abbé Folcuin, de Lobbes, élevé au monastère de Saint-Bertin, en dressa le cartulaire en 961 et y mêla quelques extraits d'histoires; (Wattenbach, ouvr. cité, 3e édit. t. II, p. 375).

5. Pertz, *Scriptores*, t. II, p. 324.

rédiger. C'est une simple hypothèse qui nous est suggérée par l'examen de ce document.

Le passage relatif au traité de Verdun est ainsi conçu : « Les trois frères firent la paix et se partagèrent l'empire des Francs. Lother prit le royaume des Romains et toute l'Italie, la partie orientale de la *Francia* et toute la Provence. Louis, outre le Norique, qu'il occupait déjà, prit les royaumes que son père lui avait donnés [1], c'est-à-dire l'Alemanie, la Thuringe, l'Austrasie, la Saxe et le royaume des Avares, c'est-à-dire des Huns ; Charles, la moitié occidentale de la *Francia*, toute la Neustrie, la Bretagne, la plus grande partie de la Bourgogne, la Gothie, la Wasconie et l'Aquitaine, d'où il chassa Pépin, fils de Pépin, qui fut enfermé au cloître de Saint-Médard [2]. »

Ce texte diffère, sous plus d'un rapport, de celui de Prudence : il ne fait mention ni de la date ni de la ville où le traité a été conclu. Le partage est exposé suivant une autre méthode ; le rédacteur, au lieu de tracer les frontières des trois royaumes, énumère les pays qu'ils comprennent. C'est ainsi que l'Italie, l'Aquitaine et la Bavière, bien que mises à part en 843, figurent dans cette liste. Le texte original du traité n'a pas été consulté, c'est évident ; toutefois la distribution des provinces de l'empire est exacte. La Frise seule a été oubliée dans cette énumération, mais aucun texte ne la mentionne ; c'est la charte du partage de 870 qui nous apprend qu'elle était comprise dans le royaume de Lother. Cette omission est peu grave ; pendant plus de vingt ans, de 834 à 855,

1. Ou plutôt qu'il avait gardés, avec son agrément, de 833 à 838. *Ann. Fuld.* 838 : *Imperator..... Illudowico filio suo regnum orientalium Francorum, quod prius cum favore ejus tenuit, interdixit.*

2. *Pace inter eos facta, diviserunt inter se Francorum imperium. Et Hlotharius quidem accepit regnum Romanorum et totam Italiam et partem Franciæ orientalem totamque Provintiam, Hludowicus vero, præter Noricam quam habebat, tenuit regna quæ pater suus illi dederat, id est Alemanniam, Thuringiam, Austrasiam, Saxoniam, et Avarorum, id est Hunnorum regnum ; Karolus vero medietatem Franciæ ab Occidente et totam Neustriam, Brittanniam et maximam partem Burgundiæ, Gotiam, Wasconiam, Aquitaniam, submoto inde Pippino, filio Pippini, et in monasterio S. Medardi attonso.*

cette province avait subi de fréquentes incursions des pirates danois ou normands. Ceux-ci avaient fini par s'y établir avec la permission de Lother. Comme l'autorité des rois francs était à peu près nulle dans ce pays, il pouvait bien ne plus être compté au nombre des provinces de l'empire [1].

Le texte de Réginon est plus précis : « Les trois frères se partagèrent l'empire des Francs. A Charles échurent les royaumes de l'Occident, de l'Océan britannique à la Meuse ; à Louis, les royaumes de l'Orient, à savoir toute la Germanie jusqu'au Rhin et quelques *cités* avec les *pagi* adjacents au delà du Rhin, à cause de leur richesse en vignobles. Lother, qui était l'aîné et portait le titre d'empereur, prit la part du milieu qui, depuis, a reçu son nom, toute la Provence et tous les royaumes de l'Italie avec la ville de Rome elle-même [2]. »

Ainsi, à l'exemple de Prudence, Réginon essaie d'indiquer les limites des parts ; il connaît aussi les enclaves du royaume germanique sur la rive gauche du Rhin. On pourrait supposer que le traité de Verdun lui était connu dans sa teneur ; mais cela n'est pas nécessaire. Rapprochons en effet sa chronique des Annales de Fulde :

Ann. Fuldenses, 843 :	*Reginonis Chronicon*, 842 :
Hludowicus orientalem partem accepit, Karolus occidentalem tenuit, Hlotharius qui major natu erat, mediam inter eos sortitus est portionem.	Karolo occidentalia regna cesserunt . . . , Hludowico orientalia..., Lotharius, qui major natu erat, medius inter utrosque incedens, regnum sortitus est...

1. *Ann. Bertin.*, ann. 834-855.

2. *Tres supradicti fratres imperium Francorum inter se diviserunt; et Karolo occidentalia regna cesserunt a Britannico Oceano usque ad Mosam fluvium, Hludovico vero orientalia, scilicet omnis Germania usque Rheni fluenta, et nonnullæ civitates cum adjacentibus pagis trans Rhenum propter vini copiam. Porrò Hlotharius qui et major natu erat, et imperator appellabatur, medius inter utrosque incedens regnum sortitus est quod hactenus ex ejus vocabulo Hlotarii nuncupatur, totamque Provintiam nec non et omnia regna Italiæ cum ipsa Romana urbe.*

Voilà des analogies frappantes. Pourtant Réginon ne s'est pas servi des Annales de Fulde : il place le partage en 842. Il n'a pu avoir sous les yeux qu'une sorte d'abrégé de ces Annales. Il a utilisé d'autre part l'*Historia regum Francorum*, comme le montre cette autre comparaison :

Francor. reg. Historia :	*Reginonis Chronicon :*
Diviserunt inter se Francorum imperium. Lotharius accepit regnum Romanorum et totam Italiam... totamque Provintiam.	Tres fratres imperium Francorum inter se diviserunt. Hlotharius.... sortitus est... totam Provintiam nec non et omnia regna Italiæ cum ipsa Romana urbe.

Remarquons encore que Réginon cite l'*Océan britannique*, alors que l'*Historia regum Francorum* est le seul texte qui mentionne la Bretagne à propos du traité de Verdun. Réginon a vraisemblablement puisé à la même source les détails qui concernent Pépin d'Aquitaine [1]. Qu'il ait su que les cités de Mayence, de Worms et de Spire appartenaient à Louis le Germanique, cela s'explique sans avoir besoin de supposer qu'il se soit servi des Annales Bertiniennes : c'est dans la région voisine du Rhin que Réginon a passé sa vie, qu'il a exercé de hautes fonctions dans le clergé ; il est donc naturel qu'il ait ajouté ce renseignement à ceux que lui avaient fournis les deux textes précédents.

Le continuateur d'Erchembert s'exprime ainsi : « Lother eut l'Italie, la Bourgogne, une partie de la Gaule Lyonnaise, la province Mosellane et une partie de ceux qu'on appelle les vieux Francs *(veteres Franci)*. Son frère Louis prit toute la Germanie, c'est-à-dire toute la France orientale, l'Alamannie ou Rhétie, le Norique, la Saxe et une foule de nations barbares. Charles eut cinq provinces, les Viennois, la province des Éduens, la Gaule Narbonnaise et une partie de la

1. *Reginonis chronicon*, 853. Cf. *Hist. reg. Francorum* (Pertz, *Scriptores*, II, 324); *Ann. Fuld.* 851, *Ann. Bert.* 852 et années suivantes.

Belgique ainsi que de la Lyonnaise [1]. » Quant à l'Aquitaine, l'Espagne (marche d'Espagne), la Gascogne, la Gothie, elles forment un quatrième royaume, celui de Pépin, le *frère* des précédents rois. La Provence (*ea provincia quæ proprio ipso vocabulo muncupatur*) est laissée en dehors, sous prétexte qu'elle a toujours été disputée entre les uns et les autres [2]. Le rédacteur de ce texte a mélangé ici toutes sortes de renseignements. Il confond le jeune Pépin avec son père ; d'après lui, Charles n'a reçu un royaume « qu'à l'instigation de sa mère, l'intrigante Judith [3]. » Le partage de Verdun est décrit sans exactitude et même d'une façon peu claire, c'est un chaos de termes de toute origine, où des noms anciens sont mêlés à ceux du temps, des noms de peuples à des noms de pays, tout cela avec une complète ignorance. La Gaule Narbonnaise fait double emploi avec la Provence et la Gothie réunies. Toutefois la part de Louis le Germanique est celle que l'auteur connaît le mieux, parce qu'il est moine de Reichenau et sujet du royaume allemand [4].

Le moine Erchampert résume en quelques lignes le partage de Verdun : « A la mort de Louis, qui le second en Gaule présidait à l'empire auguste, Lother devint son héritier et, depuis, l'empire des Francs fut divisé. Lother gouvernait les royaumes d'Aix et d'Italie, Louis celui de Bavière, et Charles, né d'une autre mère, le royaume d'Aquitaine [5]. »

1. *Lotharius suscepit Italiam, Burgundiam et partem Galliæ Lugdunensis, Mosellanam provinciam et partem eorum qui dicuntur veteres Franci. Frater autem ejus.... suscepit totam Germaniam, id est totam orientalem Franciam, Alamanniam sive Rhætiam, Noricum, Saxoniam et barbaras nationes quam plurimas, Carolus... accepit quinque provincias, Viennenses, provinciam Æduorum, Galliam Narbonensem et partem Belgicæ seu Lugdunensis.*

2. *Quartus vero frater eorum, nomine Pipinus, Aquitaniam, Hispaniam et Wasconiam et Gothiam, quas patre suo vivente suscepit.... retentavit. Ea provincia quæ proprio ipso vocabulo muncupatur, semper inter hos et illos fluctuasse dignoscitur.*

3. *Molimine matris suæ versutissimæ Judith.*

4. Il appelle Louis le Germanique son maître, « le très glorieux roi Louis ».

5. *Inter hæc moritur Lodoguicus qui secundus in Gallia augustali præerat imperio. Lotharius... illius regni heres effectus est, atque ab hoc Francorum divisum est regnum, quoniam Lotharius Aquensem et Italicum,*

Erchampert ignore évidemment les détails du partage. Vivant au fond de l'Italie, il n'a qu'une notion très vague des événements qui se sont passés au centre de l'empire ; il sait seulement que l'empereur Lother possédait, outre l'Italie, un vaste territoire au delà des Alpes, dont Aix était la capitale.

L'annaliste de Xanten, à la date de 843, fait un récit incomplet et inexact des opérations préliminaires du partage [1]. Comme les réunions des commissaires royaux eurent lieu dans les villes du pays rhénan, il est naturel que la tradition locale en ait conservé le souvenir. C'est cette tradition qu'a recueillie l'annaliste, qui habitait probablement la région de Cologne. Mais il est muet sur le traité de Verdun ; c'est seulement pour l'année 869 qu'il trace la carte suivante de l'empire carolingien : « En ce temps, quatre rois occupaient l'ancien royaume du grand Charles. Louis, fils de l'empereur Louis, régnait en Orient sur les Slaves, la Bavière, l'Alamannie et Coire, la Saxe, les Suèves, la Thuringe et les Francs orientaux avec les *pagi* de Worms et de Spire. Charles, son frère, commandait aux Gaulois, aux Aquitains et aux Gascons. Louis, fils aîné de l'empereur Lother, gouvernait l'Italie et le Bénéventin. Lother, son frère, la Ripuarie, la Burgundie et la Provence [2]. » On s'explique très bien, pour la même raison que plus haut, que cet historien soit mieux renseigné sur les pays qui composaient la part de son maître Louis le Germanique ; qu'il connaisse les *cités* qui relevaient de Louis à l'ouest du Rhin ; que, seul de ses contemporains,

Lodoguicus autem Baioarium, Karolus vero, ex alia ortus genitrice, Aquitanicum regnum regebant.

1. *Præfati tres reges miserunt legatos suos proceres, unusquisque ex parte sua, ut iterum per descriptas mansus æque tripertirent regnum Francorum, cumque et inter illos dissensio facta est, venerunt ipsi reges in unum locum et dissonantiam illorum coadunaverunt.*

2. *Eo tempore.... quatuor reges regnaverunt in regno quondam Karoli magni, Ludewicus, filius imperatoris Ludewici, in Oriente et Sclavis, Bevaria, Alamannia et Coria, Saxonia, Suevis, Thoringia et orientalibus Francis cum pago Wormaciensi atque Numnetis... Karolus frater ejus, Gallis, Aquitaneis atque Wasconiis præerat.... Ludewicus, filius Lotharii imperatoris senior, Italiam et Beneventaniam consedit... Lotharius, frater ejus... Ripuariam, Burgundiam atque Provintiam possedit.*

il mentionne la Ripuarie parmi les provinces de Lother. Mais il ne s'est pas servi d'un document officiel, sans quoi il n'eût pas omis le nom de la *cité* de Mayence [1].

Aucun des textes qu'on vient de lire n'est comparable à celui de Prudence. La forme en est toute différente. Aucun de ces auteurs n'a eu sous les yeux des pièces officielles ; ils ne disposaient, pour le partage de Verdun, que de la tradition orale, tout au plus de quelques documents écrits de seconde ou troisième main. Ils commettent parfois de graves erreurs, et somme toute, on n'en peut tirer aucun renseignement qui ne se trouve déjà dans les Annales de Saint-Bertin, sauf en ce qui touche la situation de la Rhétie.

1. Sur ses moyens d'information, voir Wattenbach, ouvr. cité, t. I, p. 214.

PH. POUZET.

REMARQUES

SUR LES CAUSES QUI ONT FACILITÉ

LA CONQUÊTE FRANQUE EN LOMBARDIE

ET QUI EN ONT ASSURÉ LA DURÉE

L'histoire et l'organisation du royaume lombard après 774 ne peuvent être comprises, si l'on n'a pas une connaissance suffisante de l'histoire et des institutions de ce royaume avant la perte de son indépendance [1]. Cette étude préliminaire seule peut permettre de déterminer les causes qui devaient favoriser ou entraver l'œuvre de Charlemagne en Italie.

La conquête lombarde et la conquête franque se sont opérées dans des conditions très différentes. Les Francs, en rapport

1. L'histoire et les institutions lombardes ont été l'objet de nombreux travaux. Voici les plus importants : Savigny, *Histoire du droit romain au moyen âge*, tome I. — Troya, *Storia d'Italia nel medio evo*. — Troya, *Della condizione dei Romani vinti da' Langobardi*. — Turk, *Die Langobarden und ihr Volksrecht bis zum 774*. — Balbo, *Storia d'Italia*, tome II. — Bethmann-Hollweg, article sur Paul Diacre dans le tome X des *Archiv. der Gesellschaft für ælterc deutsch Geschichtskunde*. — Bethmann-Hollweg, *Der Civilprocesz in Mittelalter*, tomes III et IV. — Articles du même Bethman-Hollweg et de Holder-Egger dans le tome III du *Neues Archiv*. — Hegel, *Geschichte des Stædteverfassung von Italien*, 1847. — Pabst, *Langobard. Herzogthum*, dans les *Forschungen zur deutsche Geschichte*, t. II. — Malfatti, *Imperatori e Papi ai tempi della signoria dei Franchi in Italia*, 1876. — Schupfer, *Istituzioni Langobardi*, 1863. — Weise, *Italien und die Langobarden-herscher von 568 bis 628*, 1887. — Schmidt, *Zur Geschichte der Langobarden*, 1885.

avec Rome dès le commencement du IIIe siècle après J. C., étaient entrés dans le monde romain quand Julien avait établi les Ripuaires sur le Rhin comme fédérés de l'empire, avec mission de défendre cette frontière contre les autres peuples germains. Les Ripuaires restèrent longtemps fidèles à l'Empire et lors de l'invasion de 406, ils firent vaillamment leur devoir. Les Saliens, campés aussi en Toxandrie comme fédérés, profitèrent il est vrai de la faiblesse de l'Empire pour faire des conquêtes; mais, Aetius les ayant vaincus, ils se soumirent et leur roi Mérové combattit à côté des Légions aux Champs Catalauniques. Bien plus, Childéric, successeur de Mérové, ayant tyrannisé les Francs, ceux-ci le chassèrent et se mirent sous le commandement direct d'Ægidius, maître de la Milice romaine en Gaule.

Ces rapports intimes des Francs avec les Romains avaient modifié profondément les mœurs de ce peuple ; il serait complètement inexact de les considérer alors comme de véritables barbares. Aussi c'est à peine si l'on peut donner le nom de conquête à l'établissement des Francs en Gaule, sous la conduite de Clovis. Quand Clovis marche contre Syagrius, successeur d'Ægidius, les Gallo-Romains ne semblent pas voir en lui un ennemi, ils ne s'enfuient pas à son approche. Au contraire les Evêques, représentants des populations en Gaule, accueillent avec faveur le roi franc, ils facilitent ses victoires par leur appui moral, et se servent de lui pour débarrasser le pays des barbares ariens qui l'occupent, c'est-à-dire des Wisigoths et des Burgundes. La conversion de Clovis au catholicisme achève de rapprocher les Francs des Gallo-Romains, et les deux peuples ne tardent pas à se confondre.

D'autre part, le petit nombre des Francs contribua à les empêcher de tyranniser les Gallo-Romains. Tandis que les autres peuples barbares dépouillèrent les anciens habitants d'une partie de leurs terres, il n'y eut rien de semblable chez les Francs. La domination franque fut donc beaucoup moins lourde. Enfin les Francs étant peu nombreux subirent plus facilement l'influence des Gallo-Romains qui prirent une situation de plus en plus prépondérante dans le nouvel ordre de choses. Les idées et les institutions romaines eurent une action profonde sur les idées et les institutions franques, et si pendant la période mérovingienne les meurtres et les massacres sont nombreux, on ne voit jamais que les Francs aient fait peser sur les Gallo-Romains une tyrannie quelconque.

Toute autre fut la conquête lombarde. Quand les Lombards descendirent en Italie, ils n'étaient que depuis peu de temps en contact avec la civilisation romaine. Velleius Paterculus, qui prit part à l'expédition de Tibère jusqu'à l'Elbe, appelle les Lombards « *gens germana feritate ferocior* [1] ». Tacite [2] à son tour les représente comme un peuple toujours en guerre avec ses voisins. Au moment des invasions, les Lombards avaient conservé leurs mœurs farouches et grossières. Nous en avons une preuve dans leur conduite à l'égard des Gépides. Ceux-ci, qui appartenaient à la grande nation gothique, disputaient depuis longtemps la Pannonie aux Lombards et aux Avares. Alboin, roi des Lombards, fit alliance avec les Avares, et extermina les Gépides ; leur roi, Cunimond, fut tué et son crâne servit à faire une coupe dans laquelle but depuis lors Alboin [3]. Ce sont bien là des mœurs barbares, semblables à celles des Chérusques du temps d'Arminius. Le général byzantin, Narsès, avait cependant pris les Lombards à son service comme fédérés, pendant la guerre gothique [4]. Mais, après la destruction du royaume ostrogoth, il s'était empressé de les renvoyer en Pannonie, à cause des ravages affreux qu'ils commettaient dans la vallée du Pô [5]. Malheureusement les Lombards connaissaient maintenant le chemin de l'Italie et ils y reparurent en 568.

L'invasion fut terrible. Alboin traînait avec lui non seule-

1. Velleius Paterculus : II. 106
2. Tacite : Germanie, 40 « *Langobardos paucitas nobilitat; plurimis ac valentissimis nationibus cincti non per obsequium, sed prœliis et periclitando tuti sunt.* »
3. Paul Diacre : I. 27 : *Scriptores rerum Langobardicarum*, éd. Waitz, p. 69.
4. Paul Diacre, II. 1 : éd. Waitz, p. 72. — Procope : *De bello gothico*, IV, 26.
5. Procope : *Ibidem*, IV. 33.

ment la nation lombarde tout entière avec femmes et enfants [1], mais aussi une foule de volontaires fournis par les peuples les plus sauvages de la Germanie, 20,000 Saxons par exemple [2]. A côté des Lombards paraissaient aussi les débris des peuples qu'ils avaient soumis, des Pannoniens, des Noriciens, des Suèves, des Gépides. Enfin, on remarquait encore des Sarmates et des Bulgares [3], c'est-à-dire des peuples slaves et tartares, encore plus barbares que les Germains. Ces hordes sauvages se précipitèrent sur l'Italie comme sur une proie. Tout s'enfuit à leur approche. L'Italie, qui sortait de la longue guerre gothique et qui était désolée par la peste et la famine, n'opposa aucune résistance [4]; pendant plusieurs années elle fut dévastée affreusement. Tous les contemporains sont d'accord pour représenter cette époque comme une des plus malheureuses pour ce beau pays. Grégoire le Grand surtout, dans ses *Homélies* et ses *Dialogues* [5], a dépeint avec une sombre éloquence les ravages commis par les Lombards.

Les Lombards, maîtres de la vallée du Pô, traitèrent durement les vaincus. Tandis que, dans les annales franques, on ne voit nulle part qu'il y ait eu une spoliation quelconque des Gallo-Romains par les Francs, les Lombards, au con-

1. Paul Diacre : II, 2 : *Igitur Langobardi, relicta Pannonia, cum uxoribus et natis omnique supellectili Italiam properant possessuri.* Éd. Waitz, p. 76.

2. Paul Diacre, II, 6 : *Alboin vero ad Italiam cum Langobardis profecturus ab amicis suis vetulis Saxonibus auxilium petiit, quatenus spatiosam Italiam cum pluribus possessurus intraret. Ad quem Saxones plus quam viginti millia virorum cum uxoribus simul et parvulis, ut cum eo ad Italiam pergerent, juxta ejus voluntatem venerunt. — Ib.*, pp. 75-76.

3. Paul Diacre, II, 26 : *Certum est autem, tunc Alboin multos secum ex diversis, quas vel alii reges vel ipse ceperat, gentibus ad Italiam adduxisse. Unde usque hodie eorum in quibus habitant vicos Gepidos, Vulgares, Sarmatas, Pannonios, Suavos, Noricos... appellamus. Ib.*, p. 87.

4. Paul Diacre, II, 26. *Ib.*, pp. 86-87. — Procope : op. cit. II. 20-21 ; III. 9. Paul diacre : *Histor. miscell.* XVI, 107 (dans Muratori : Script. I. 1). — Vita Benedicti dans le *Liber Pontificalis*, Éd. Duchesne, tome III, p. 308.

5. Grégoire le Grand : *Homelie II* sur Ézéchiel, *Homélies XVIII et XXII; Lettres V. 21 et 41 ; VI. 60; VII. 26 ; XIII. 38.* Nous suivons l'ordre de l'édition in-4° des *Monumenta Germaniæ historica. — Dialogues. III.* 38, p. 539 des *Script. rer. Lang.* Éd. Waitz. — Cf. *Grégoire de Tours*, IV, 41, page 174 de l'édition Arndt, tome I.

traire, à peine établis en Italie, s'empressent de dépouiller les Romains de leurs terres. Cleph commence par massacrer ou chasser du royaume un grand nombre de riches propriétaires [1]. Puis, à la faveur de l'anarchie ducale qui dure de 575 à 585, les Lombards poursuivent l'exécution de ce plan de dépouillement systématique. Il était difficile pourtant d'exterminer tous les propriétaires romains ; aussi ceux qui échappèrent à la mort ou à l'exil furent divisés entre des *hospites* lombards auxquels ils devaient payer, comme *tributarii,* le tiers du produit de leurs terres [2]. Sans nous arrêter à discuter le texte obscur de Paul Diacre qui a donné lieu à une foule d'interprétations [3], remarquons que les Lombards n'innovaient pas. Avant eux, les Wisigoths et les Burgundes en Gaule, les Hérules et les Ostrogoths en Italie, avaient agi de même à l'égard des vaincus, et ces peuples eux-mêmes ne faisaient que se conformer à l'usage qui avait prévalu sous les Empereurs de loger les soldats chez l'habitant comme *hospites.* Seulement, et c'est là une différence essentielle, tandis que les Wisigoths et surtout les Burgundes s'étaient établis en Gaule avec le consentement de l'Empire et des habitants, les Lombards avaient envahi brutalement l'Italie et n'avaient imposé le régime de l'*Hospitalitas* aux Italiens qu'après s'être emparés par la violence d'une grande partie des terres. Paul Diacre, il est vrai, ne dit pas que les Romains aient cédé aux Lombards le tiers ou la moitié de leurs terres, tandis que les chroniqueurs de la Gaule mentionnent un partage semblable entre les Gallo-Romains d'une part,

1. Paul Diacre, II. 31 : *Hic (Cleph) multos Romanorum viros potentes, alios gladio extinxit, alios ab Italia exsturbavit*, p. 90 de l'Éd. Waitz.

2. Paul Diacre, II, 32 : *His diebus multi nobilium Romanorum ob cupiditatem interfecti sunt. Reliqui vero per hospites divisi, ut terciam partem suarum frugum Langobardis persolverent, tributarii efficiuntur*, p. 90.
Paul Diacre III. 16 : *Populi tamen adgravati per Langobardos hospites partiuntur*, p. 101.

3. Voir en sens différents : Savigny I, § 118 et 119. — Troya : *Della condizione*, etc. § 288. — Hegel, p. 237 et suiv. — Bethmann-Hollweg, tome III. — Schupfer, *passim*, surtout p. 314. — Boos. *Die Liten und Aldionen* 1874, p. 46 et suiv. — Leo : *Geschichte der Ital. Staaten* I, p. 81.

les Wisigoths et les Burgundes de l'autre. Il dit simplement que les Romains devenus *tributarii*, paient aux *hospites* lombards le tiers de leurs récoltes. Il semble donc que les Italiens furent moins à plaindre que les Gaulois; mais il faut remarquer que les Lombards s'étaient déjà faits leur part dans les terres des Italiens, non par les moyens légaux, comme les Wisigoths et les Burgundes, mais par la violence et les massacres. Aussi la situation des Italiens était bien plus malheureuse, puisque, même sur les terres qu'ils avaient gardées, ils devaient encore payer un tribut aux Lombards. L'établissement des Lombards en Italie fut donc sans contredit beaucoup plus violent que celui des Francs en Gaule, plus violent même que celui des Wisigoths et des Burgundes.

Les rapports des Lombards avec les Italiens, loin de s'adoucir avec le temps, gardèrent pendant de longues années le même caractère de dureté. Deux causes principales amenèrent ce résultat. D'abord la différence de religion. Les Lombards étaient ariens et beaucoup de leurs alliés, les Saxons, par exemple, étaient païens. Grégoire le Grand affirme que les Lombards ne persécutèrent pas les orthodoxes [1], mais il se contredit lui-même en citant presque à chaque page de ses *Dialogues* des exemples de cruautés commises par les barbares à l'égard de clercs et même de paysans qui refusaient de sacrifier aux faux dieux [2]. Sans doute ces cruautés n'étaient pas commises par prosélytisme, mais elles nous prouvent que les Lombards n'étaient pas bien disposés à l'égard de l'Église. Ce ne fut qu'au commencement du VIIe siècle, cent ans après la conversion de Clovis, que la reine Théodelinde, bavaroise d'origine, avec l'aide du pape Grégoire le Grand, parvint à faire élever son fils

1. Grégoire le Grand : *Dialogues* III, 28. — *Sed super indignos nos divinæ misericordiæ dispensationem miror, qui Langobardorum sævitiam ita moderatur, ut eorum sacerdotes sacrilegos, qui esse fidelium quasi victores videntur orthodoxorum fidem persequi minime permittat.*

2. Grégoire le Grand, *Dialogues*, I. 4; p. 526 des *Scr. Rer. Lang.* éd. Waitz. — III, 27, 28, 29; pp. 534-535. — III. 37; p. 537. — IV. 22, 23, 24; p. 539-540.

Adelwald dans la foi catholique. Mais la conversion des Lombards ne fut pas définitive, et Paul Diacre nous dit que sous le règne de Rotharis (636-652), prince peu orthodoxe, il y eut dans chaque ville un évêque arien et un évêque catholique [1]. Ce n'est que bien plus tard que les mesures rigoureuses prises par Liutprand (712-744) contre l'hérésie et l'idolâtrie ramenèrent définitivement les Lombards à l'orthodoxie [2]. La conversion des Lombards fut donc très lente. Aussi le sort des Italiens ne s'adoucit que peu à peu, et jamais le clergé italien, malgré les nombreuses donations accordées par les rois, n'eut une situation politique semblable à celle du clergé franc.

La conduite des Lombards à l'égard des Italiens tient aussi à ce qu'ils ne se sont pas emparés de suite de l'Italie tout entière. Les Francs, à la mort de Clovis, possédaient déjà la Neustrie, l'Austrasie et l'Aquitaine. Les fils de Clovis ajoutèrent à ces conquêtes celle de la Bourgogne et de la Provence. Au bout de trente ans, les Francs étaient maîtres de toute la Gaule, sauf de trois pays frontières, la Bretagne, la Vasconie et la Septimanie, et l'on ne voit jamais qu'une nation étrangère ait cherché à leur contester la possession de la Gaule.

Au contraire la conquête de l'Italie par les Lombards se fit très lentement. Ils avaient à lutter contre une puissance bien autrement redoutable que les Alamans, les Wisigoths et les Burgundes, contre l'Empire d'Orient [3]. Cet empire, trop méprisé par beaucoup d'historiens, avait d'abord pour lui les souvenirs de l'Empire romain, alors très vivants en Occi-

1. Paul Diacre, IV, 42 : *Rotharis fidei christianæ non rectam lineam tenens, Arianæ heresæos maculatus est. Hujus temporibus pene per omnes civitates regni ejus duo episcopi erant, unus catholicus et alter arianus.* Éd. Waitz, p. 134.

2. Leges Liutprandi, 84-85. Édition Bluhme dans le tome IV des *Leges* de Pertz.

3. Voir pour les rapports de Byzance avec les Lombards : Gasquet, article dans la *Revue historique*, janvier-février 1887 ; Gasquet, *L'Empire Byzantin et la Monarchie franque*. 1888; surtout la thèse remarquable de M. Diehl sur l'Exarchat de Ravenne. 1888.

dent, où l'on voit les chroniqueurs mentionner avec soin les événements qui se passaient à Constantinople et omettre parfois des faits importants pour l'histoire de leur pays. D'autre part la cour de Byzance avait conservé les traditions de la politique romaine. Sa diplomatie, toujours en alerte, savait regagner par la ruse ce que la force lui avait enlevé. Loin donc de considérer l'Italie comme perdue pour elle, elle s'établit solidement dans les pays qui lui restaient et ne négligea aucune occasion d'affaiblir les Lombards. Selon son habitude, elle excita contre eux un autre peuple barbare, les Francs, qui, gagnés par l'or de Byzance [1], firent de nombreuses expéditions en Italie et occupèrent ainsi les Lombards. Quand les Francs, fatigués de ces guerres sans résultats, eurent traité définitivement avec les Lombards [2], la cour de Byzance ne craignit pas d'intervenir dans les querelles intestines qui déchiraient le royaume, et l'on vit un empereur d'Orient, Constant, débarquer en 663 en Italie et mettre le siège devant Bénévent, avec l'aide des ducs revoltés contre Grimoald [3]. Cependant les Lombards finirent par triompher de Byzance, et, à l'époque d'Aistulph, les Grecs, chassés de Ravenne, ne possédaient plus que l'extrémité méridionale de l'Italie et la suzeraineté de Naples et de Venise.

Mais alors un nouvel adversaire se dressa en face des Lombards. La papauté, d'abord absolument hostile aux Lombards ariens, ne leur fut jamais favorable, même après leur conversion au catholicisme; elle ne pouvait voir sans peine l'extension de la domination lombarde en Italie. En effet, la politique constante de la papauté a été d'empêcher la réunion de l'Italie du nord et de l'Italie du sud en un seul État, capable de l'enserrer et de l'étouffer.

Les Lombards, trouvant toujours de nouveaux ennemis

1. Paul Diacre : III, 17; éd. Waitz, p. 101. — III, 22; p. 104. — III, 29; p. 108. — III, 31, p. 110.
2. Paul Diacre : IV. 13; éd. Waitz p. 121 — IV. 30; éd. Waitz p. 127.
3. Paul Diacre : V. 6 à 12, — éd. Waitz pp. 146-150.

devant eux, se virent dans la nécessité de conquérir morceau par morceau la péninsule, et, jusqu'à la chûte de leur royaume, ils vécurent dans un état permanent de conquête. On comprend qu'irrités par les obstacles qu'ils rencontraient, ils se soient montrés toujours fort durs à l'égard des vaincus. Les conquêtes d'Agilulf, de Rotharis, et de Liutprand, furent aussi violentes que celle d'Alboin. Alboin n'avait pas conquis toutes les villes de la vallée du Pô. Agilulf (591-615) prit Mantoue, Padoue, Crémone, Valdoria, Bersello et les détruisit de fond en comble [1]. Rotharis (620-652) fit des annexions encore plus importantes. Non seulement il enleva aux Grecs Oderzo, la dernière ville du Frioul qu'ils possédassent encore, mais il s'empara de la Ligurie et de toutes les villes de la Toscane, depuis Luna jusqu'à la frontière franque. Cette guerre fut accompagnée de cruautés inouïes [2], dont on trouve l'écho jusque chez le chroniqueur franc, Frédégaire [3]. La conquête s'arrêta pendant un demi-siècle à cause des dissensions qui affaiblirent le royaume lombard, mais, même pendant cette période, on peut citer des actes de violence à l'égard des Romains, tels que la destruction d'Oderzo par Grimoald [4]. Enfin Liutprand (715-744) reprit la conquête de l'Italie. Après avoir enlevé Bologne, il s'avança jusqu'en Calabre en s'emparant momentanément de l'exarchat de Ravenne, et il força le pape à s'humilier après deux expéditions victorieuses contre Rome. Le *Liber pontificalis* [5] nous montre

1. Paul Diacre : IV, 23. *Patavium civitas... injecto igni, tota flammis vorantibus concremata est, et jussu regis Agilulfi ad solum usque destructa est.* Ed. Waitz, p. 124. — Cfr. IV. 28, pp. 125-126. — Grégoire le Grand : Lettre à l'empereur Maurice, V, 40.

2. Paul Diacre : IV, 45 ; p 135.

3. Frédégaire : IV, 71. *Chrotharius cum exercito Genavam maretema, Albingano, Varicotti, Saona, Ubitergie, et Lune civitates litore mares de imperio auferens vastat, rumpit, incendio concremans ; populum derepit, spoliat et captivitate condemnat ; murus civitatebus supscriptis usque ad fundamentum distruens, vicus has civitates nomenare præcepit.* — Éd. Krusch dans les *Scriptores rerum Merovingicarum*, tome II, pp. 156-157.

4. Paul Diacre : V, 28. Ed. Waitz, p. 153.

5. Vita Gregorii III dans le *Liber pontificalis*, Ed. Duchesne, tome I, p. 420. — « *deprædataque Campania multos nobiles de Romanis more Langobardo-*

le roi lombard ravageant la campagne romaine et forçant les nobles romains à porter la coiffure et les habits lombards.

Cependant il ne faudrait pas croire que les Lombards, toujours en guerre avec les Romains de l'extérieur, aient gardé le rôle de conquérants à l'égard de ceux qu'ils avaient incorporés dans leur royaume. Sans entrer dans le détail des faits, nous reconnaissons volontiers qu'avec le temps les rapports de ces Romains avec les Lombards allèrent toujours s'améliorant [1]; et l'on peut même dire qu'au moment de la conquête franque, la fusion était complète entre les anciens et les nouveaux habitants à l'intérieur du royaume. Mais ce rapprochement, au lieu de s'opérer dès le début comme celui des Francs et des Gallo-Romains, ne s'était produit que lentement. Les Lombards et les Romains ne formaient plus qu'un seul peuple dans l'Italie septentrionale, mais ce résultat était trop récent pour qu'il y eût là une nationalité vigoureuse et capable de résister aux Francs. Quant aux Romains du reste de l'Italie, ils considéraient toujours les Lombards comme leurs ennemis naturels, et cette hostilité mutuelle est prouvée par plus d'un fait. C'est ainsi que Ratchis ayant épousé une romaine et ayant fait des donations nombreuses à l'Église, les Lombards se montrèrent très irrités contre lui et offrirent la couronne à Aistulph [2]. A peine monté sur le trône, quand Ratchis se fut retiré au monastère, Aistulph donna satisfaction aux Lombards en rapportant plusieurs de ces donations et en soumettant les autres à une réglementation sévère [3].

Ainsi donc, la violence et la lenteur de la conquête lombarde ont eu pour conséquence de retarder la fusion entre les vainqueurs et les vaincus dans la partie de l'Italie sou-

rum totondit atque vestivit ». L'abbé Duchesne a démontré que ce passage était une interpolation de l'époque d'Étienne II; mais, ajoute-t-il avec raison, cette observation n'atteint en rien la vérité des faits relatés. *Introduction*, p. CCXXIII.

1. C'est ce qu'ont mis en lumière les travaux de Savigny et de Bethmann-Holweg. (Voir la note au début de notre article).

2. Chronic. Benedicti, monachi S. Andreæ in monte Soracte; dans Pertz, *Scriptores*, tome III, pp. 702-703.

3. Leges Aistulphi, 1. Ed. Bluhme dans les *Leges* de Pertz. Tome IV.

mise par les Barbares, et de maintenir en un état permanent d'hostilité les Lombards et les Romains du reste de l'Italie.

Si l'établissement des Lombards en Italie a été plus violent que celui des Francs en Gaule, les institutions des deux peuples présentent aussi des différences. Sans doute les institutions franques et les institutions lombardes, ayant une même origine, renferment de grandes analogies, mais elles diffèrent sur un point important.

L'établissement des Francs en Gaule, avait eu pour conséquence de fortifier le pouvoir royal. D'une part [1], « les Francs avaient perdu depuis longtemps, ne fût-ce que par le fait de leurs migrations, les institutions de la vieille Germanie, l'assemblée nationale, la noblesse, et ils n'avaient plus, à leur entrée en Gaule, d'autre institution politique que la royauté ». D'autre part, les Gallo-Romains, qui l'emportaient sur les Francs par le nombre et l'intelligence, « étaient habitués à voir toute la gestion des intérêts publics dans les mains de la classe des fonctionnaires impériaux [2] ». La conversion de Clovis ayant fait disparaître toute cause de mésintelligence entre eux et les Mérovingiens, « ils obéirent au roi franc comme ils avaient obéi au préfet du prétoire ». Aussi, dès le règne de Clovis, la royauté franque nous apparait comme solidement organisée et toute puissante. Elle le resta même toujours, M. Fustel a démontré [3] que, pendant la période qu'on a désigné sous le nom de Décadence mérovingienne, non-seulement le roi n'a pas abandonné la plus petite parcelle de ses droits, mais que jamais on les lui a sérieusement contestés. Ce sont les Mérovingiens eux-mêmes qui se sont affaiblis par leurs luttes entre eux. Leur décadence ne vient pas, comme on l'a crû à tort, d'une lutte continuelle entre l'aristo-

1. Toutes ces citations sont empruntées au remarquable ouvrage de Fustel de Coulanges : *La Monarchie franque*, 1888.

2. Fustel de Coulanges : *La Monarchie franque*, p. 116.

3. Fustel de Coulanges : *Op. cit.* Chapitre XIV ; notamment le paragraphe 2 sur *Les Grands et le Traité d'Andelot*, pages 602 et s. ; le paragraphe 3 sur l'*Édit de* 614, pages 612 et s. ; le paragraphe 4 sur la *Nature du Conventus generalis au* VIIe *siècle*, pages 630 et s.

cratie et le pouvoir monarchique, puisque cette aristocratie n'était composée que des « Grands du roi ». Cette aristocratie de palais ne pouvait songer à combattre la royauté dont elle n'était que l'émanation et l'instrument. Aussi, quant les Carolingiens eurent pris la place de la famille Mérovingienne, ils n'eurent pas besoin de faire d'autres règlements pour fortifier et réorganiser le pouvoir royal ; ces règlements existaient déjà. Si Pépin le Bref et Charlemagne paraissent avoir une puissance bien supérieure à celle de leurs prédécesseurs, ce n'est point la conséquence d'un changement de gouvernement, ni de l'abaissement d'une prétendue aristocratie, mais simplement de ce qu'ils ont uni la force personnelle au droit.

Si de la Gaule nous passons à l'Italie, nous constatons que le pouvoir royal, tel qu'il est constitué dans les lois lombardes, renferme les mêmes éléments que le pouvoir royal chez les Mérovingiens. Seulement, et c'est là une différence essentielle, dès les premières années de la conquête, les rois lombards eurent à lutter contre les prétentions des ducs. Les ducs ne formaient pas une noblesse de naissance, c'étaient des fonctionnaires royaux, administrant chacun une *Civitas* au nom du roi. Mais le pouvoir ducal avait précédé le pouvoir royal chez les Lombards. Pendant longtemps la nation avait été gouvernée par ses ducs, et, lorsqu'Alboin envahit l'Italie, la royauté lombarde était une création récente [1]. Aussi, à la mort de Cleph (575), les ducs la supprimèrent et se partagèrent l'Italie lombarde. Chacun d'eux devint indépendant dans la *Civitas* que le roi lui avait confiée [2], et l'anarchie ducale, ou des Trente-six ducs, dura pendant dix ans. Les incursions des Francs et le retour offensif des Grecs amenèrent, il est vrai, le rétablissement de la royauté. En

1. Paul Diacre : I. 14 : *Mortuis interea Ibor et Aione ducibus... nolentes jam ultra Langobardi esse sub ducibus, regem sibi ad instar ceterarum gentium statuerunt...* Éd. Waitz p. 54.

2. Paul Diacre : II, 32 : *Post cujus mortem Langobardi per annos decem regem non habentes, sub ducibus fuerunt. Unusquisque enim ducum suam civitatem obtinebat...* Éd. Waitz p. 90.

l'an 584, les ducs donnèrent la couronne à Autharis, fils de Cleph. Mais ils ne rendirent au nouveau roi que la moitié des terres qu'ils avaient usurpées, « *afin*, dit Paul Diacre, *qu'il put subvenir à ses frais de cour et payer les services de ses fidèles* [1]. » Ainsi donc, dès les premières année de la domination lombarde en Italie, on constate chez les ducs des prétentions à l'indépendance qui affaiblissent le pouvoir royal. Ces prétentions étaient même reconnues en partie par la royauté, du moins dans les premiers temps, puisque l'Édit de Rotharis prescrit que l'*heriban* sera payé moitié au roi, moitié au duc [2].

De bonne heure cependant les rois lombards s'efforcèrent d'abattre le pouvoir ducal. Il se montrèrent impitoyables pour tous ceux qui se révoltèrent. Agiluf et Rotharis surtout multiplièrent les proscriptions et les massacres contre les ducs [3]. Mais les mesures violentes ne suffisaient pas. L'Édit de Rotharis proclame le droit exclusif du roi à nommer les ducs et à les destituer en cas de désobéissance [4]. Ce droit, les rois réussirent à le faire respecter. Rotharis et Liutprand enlevèrent mainte fois leur charge aux ducs rebelles. Dans cette lutte contre les ducs, les rois étaient encouragés par le clergé, et, par conséquent, dans une certaine mesure, par la populatiou romaine. Le clergé soutint de toutes ses forces Cunibert dans sa lutte contre Alachis, duc de Trente [5]; et un

1. Paul Diacre III : 16 : *At vero Langobardi cum per annos decem sub potestate ducum fuissent, tandem communi consilio Authari, Clephonis filium..... regem sibi statuerunt..... Hujus in diebus ob restaurationem regni duces qui tunc erant omnem substantiarum suarum medietatem regalibus usibus tribuunt, ut esse possit, unde rex ipse sive qui ei adhærerent ejusque obsequiis per diversa officia dediti alerentur.* Éd. Waitz p. 100-101.

2. Edictum Rotharis 20. Éd. Bluhme « *Si quis de exercitales ducem suum contempserit ad justitiam, vigenti solidos componat regi et duci suo.* — 21 « *Si quis in exercito ambulare comtempserit aut in sculca dit regi et duci suo solidos viginti.* — Cfr. 22.

3. *Origo gentis Langobardorum*, c. 6, *Script. rerum Lang*, Éd. Waitz p. 5. — Paul Diacre : IV. 3 et 13. Éd. Waitz pp. 117 et 121. — Frédégaire : IV. 70. Éd. Krusch, p. 156.

4. Edictum Rotharis. 27.

5. Paul Diacre : V, 38 à 41, éd. Waitz pp. 157 et s.

poème antique dit que la mort de ce roi fut un deuil pour toute l'Italie [1].

Les rois, ainsi encouragés par les sympathies de l'Église, cherchèrent en outre à diminuer le pouvoir des ducs, en établissant en face d'eux un pouvoir rival. Tel est le but de l'institution des gastaldes. Les *Gastaldes* sont des fonctionnaires du roi (*actores regii*), nommés par lui pour administrer ses domaines (*curtes regiæ*), et dépendent complètement de lui [2]. Bien qu'occupant un rang inférieur aux ducs dans la hiérarchie administrative, les gastaldes ne sont pas tenus de leur obéir, comme les *Sculdasci* et *Decani*. Ils n'ont d'ordre à recevoir que du roi qui s'efforcera constament d'augmenter leurs attributions pour faire contrepoids au pouvoir ducal. Il se sert d'eux pour protéger les hommes libres contre la tyrannie des ducs [3], et peu à peu on constate que les gastaldes, d'abord simples administrateurs et juges des domaines royaux, finissent par devenir des fonctionnaires judiciaires et militaires [4].

Plus tard les rois profitent des révoltes des ducs pour les remplacer par des gastaldes. Ce fut la politique constante de Liutprand. Sous son règne Bergame, Trévise, Reggio, Plaisance, Parme, deviennent des gastaldats [5]. Après lui Côme, Pistoie, Sienne, Volterra, Arrezzo, Toscanella, Citta Nuova et peut-être Pise voient leurs ducs remplacés par des gastaldes [6]. Il n'y eut bientôt plus de ducs que dans les pays frontières, et dans quelques grandes villes, et Ratchis décida que

1. Troya : *Codic. diplomat. longobar.*, III. 368.
2. *Edictum Rotharis*, 375. 15. 187. 221. Leges Liutprandi, 59 et s. 78. etc.
3. *Edictum Rotharis*, 23. 24, Éd. Bluhme.
4. Les textes qui montrent les gastaldes rendant la justice comme fonctionnaires publics, sont nombreux : Voir leur énumération au mot *Gastaldi* dans l'*Index* des *Leges*, tome IV. — Le texte principal qui les montre commandant les armées est dans la *Vita Gregorii II* (*Liber Pontificalis* : Éd. Duchesne p. 400). Le biographe pontifical après avoir raconté un combat livré entre les Romains et les Lombards, ajoute que les Romains « *Langobardos pene trecentos cum eorum gastaldio interfecerunt.* »
5. Pabst : *Langobard. Herzogthum.* p. 484.
6. Schupfer. *Istituzioni Langobardi.* p. 311.

tous ceux qui se montreraient négligents ou prévaricateurs seraient destitués par le roi [1].

Cependant, en dépit des progrès de la royauté lombarde, au moment de la conquête franque il subsistait encore pour elle deux causes d'affaiblissement.

1° Tandis que les Francs obéirent pendant plus de deux siècles à la famille mérovingienne, dont ils respectèrent si religieusement les droits que Pépin le Bref hésita longtemps avant de s'emparer de la couronne [2], les Lombards n'eurent pas de race royale. Au moment de leur établisement en Italie, la royauté, et par conséquent leur famille royale, étaient de date récente. Or cette famille s'éteignit dès les premières années de la conquête en la personne d'Alboin. Depuis lors, il y eut bien des essais pour établir l'hérédité dans une famille royale. La famille bavaroise amenée en Italie par Theodelinde s'efforça de se rendre héréditaire. On vit même des rois, comme Agilulf et Perctarit, faire reconnaitre leur fils de leurs vivant [3]. Mais tous ces efforts restèrent infructueux. L'histoire de la royauté lombarde n'est qu'une suite d'usurpations et d'assassinats, et les Lombards acceptent pour roi celui d'entre leurs ducs qui a su s'imposer à eux par ses qualités personnelles ou sa violence. Les ducs habitués à ne pas respecter le principe d'hérédité monarchique, se disputent le pouvoir à la mort de chaque souverain [4], et, pour appuyer leurs prétentions, ne reculent pas devant l'alliance avec les ennemis du royaume, avec les Grecs, avec les Avares, et même avec le pape. Le dernier roi lombard, Didier, qui s'était emparé de la couronne avec l'aide des Toscans dont il était duc, vit une partie des ducs l'abandonner quand Char-

1. Lois de Ratchis, 1. Éd. Bluhme — Cfr. Lois d'Aistulph, 4.

2. L'auteur de la vie de S. Boniface dit même que Pépin fut couronné roi « *sedatâ populorum pertubatione* ».

3. Paul Diacre : IV, 30; Éd. Waitz p. 127, — V, 35; p 156.

4. Citons Agilulf, duc de Turin (*Origo gent-Lang*. c. 2 ; Éd. Waitz p. 3). — Grimoald, duc de Bénévent (Paul Diacre, IV. 51 ; p. 138 et s.). — Aripert, duc de Turin (Paul Diacre, IV. 18 à 22; p. 171-172). — Ratchis, duc de Frioul (*Gesta Zachariæ*). — Didier, duc de Tuscie (*Gesta Stephani*, II).

lemagne descendit en Italie. Si, à la fin de la domination lombarde, les rois avaient réussi à restreindre le pouvoir ducal, ils n'avaient donc pu empêcher encore les ducs de se disputer la couronne à la mort de chaque prince.

2° D'autre part, nous avons exposé les mesures prises par les rois pour abattre la puissance des ducs, et nous avons constaté leur succès; mais ce succès ne fut pas complet, et il ne pouvait l'être à cause de la constitution géographique du royaume lombard. La Lombardie royale, c'est-à-dire la partie de l'Italie placée sous l'autorité directe du roi, était divisée en trois régions : l'Austrie ou pays à l'est de la capitale, Pavie ou Ticinum; la Neustrie ou pays à l'ouest de cette même ville; et la Tuscie ou Toscane. Mais les Lombards s'étaient établis dans trois autres régions de l'Italie : au Nord-Est ils avaient occupé le Frioul, au centre Spolète, et au Sud Bénévent. Ces trois pays formèrent trois duchés plus étendus que les autres et qui prirent de bonne heure une plus grande importance à cause de leur situation excentrique et des nécessités militaires qui avaient amené leur création [1].

Le duché de Frioul avait été créé par Alboin [2] dans un but uniquement militaire et comme une véritable marche destinée à repousser les attaques des Grecs, des Avares et des Slaves; il resta longtemps complètement isolé de la Lombardie royale. Sa frontière orientale était menacée par les Avares, les Esclavons et les Grecs de l'Histrie; au Sud, les possessions grecques de Venise et de l'Exarchat le séparaient du duché de Spolète; enfin les Grecs gardèrent longtemps Mantoue, Padoue, Crémone, et Bologne ne leur fut enlevée que par Liutprand. Le duché de Frioul, entouré d'ennemis nombreux, prit de bonne heure des habitudes d'indépen-

1. L'histoire de ces trois duchés a été étudiée dans les ouvrages d'ensemble sur les Lombards, que nous avons cités en tête de notre travail. Il faut ajouter quelques monographies, Pabst, dans les *Forschungen zur deutsche Geschichte*, tome II. — Hirsch : *Herzogthum von Benevent*. — Enfin un Appendice important de Bethmann Hollweg sur Spolète, dans son *Civil process im Mittelalter*, tome III.

2. Paul Diacre : II, 9; Éd. Waitz, pp. 77-78.

dance et se rendit redoutable à la royauté, car sa population était belliqueuse et toujours en lutte avec les peuples voisins. Les ducs de Frioul s'emparèrent souvent du trône, ils fournirent même des ducs à Bénévent [1]. Ils cherchèrent en outre à se rendre héréditaires, et parfois même il semble que la royauté reconnut leurs prétentions. Le duc Rodoald ayant été chassé par un usurpateur, le roi Cunibert fit administrer le duché pendant son absence par le frère de Rodoald, Adon, avec le titre de *Lociservator* [2]. Cependant les conquêtes des rois lombards, en enlevant aux Grecs les villes qu'ils possédaient entre l'Austrie et le Frioul, firent cesser l'isolement de ce duché. Il fut alors plus facile à la royauté de surveiller les agissements des ducs. Liutprand punit cruellement le duc de Frioul Pemno d'avoir jeté en prison l'archevêque d'Aquilée [3], mais il n'osa pas supprimer l'hérédité en Frioul, et il donna le duché au fils de Pemno [4], Ratchis, qui devait être roi plus tard, ainsi que son frère Aistulph. Jusqu'à la chûte du royaume lombard, le Frioul conserva donc une sorte d'autonomie, et ses ducs jouirent d'un pouvoir supérieur à celui des ducs de la Lombardie royale, puisque les évêques du duché étaient nommés « *consensu regis et ducis* » [5].

Le duché de Spolète, créé sous le règne d'Autharis [6], était enclavé entre l'Exarchat de Ravenne et le duché de Rome. Il occupait donc une situation stratégique excellente, lui permettant de diviser les forces des Grecs et d'intercepter leurs communications. Mais les ducs, déjà fort éloignés de Pavie, maîtres d'un territoire aussi étendu que l'une des trois grandes divisions du royaume lombard, Austrie, Neustrie et Tuscie, ne tardèrent pas à s'emparer de privilèges

1. Paul Diacre : IV, 39; Éd. Waitz, p. 133. — IV, 43, 44, 46; pp. 134-135.
2. Paul Diacre : VI, 3; p. 165. — VI, 24; p. 172.
3. Paul Diacre : VI, 51; Éd. Waitz, pp. 182-183.
4. Paul Diacre : *ibidem*, p. 183.
5. Paul Diacre : IV, 33; p. 127. — *Chronica patriarcharum Gradensium* c. 3; dans les *Script. rerum Langob.*; Éd. Waitz, p. 394.
6. Paul Diacre : III, 32; Éd. Waitz, p. 112.

politiques inconnus aux ducs de la Lombardie royale. Nous possédons de nombreuses chartes où l'on constate que le duc de Spolète tient des Plaids avec une autorité presque souveraine. Il prend le titre de *Summus dux*, il rend la justice comme le roi, *in palatio, una cum judicibus nostris;* il a sous ses ordres de nombreux gastaldes chargés d'administrer ses *curtes*, nommés par lui et non par le roi [1].

Enfin le duché de Bénévent ne touchait même pas la Lombardie royale, dont le séparaient le duché Romain et le duché de Spolète. Dès leur création sous le règne d'Autharis [2], les ducs de Bénévent avaient étendu constamment leurs domaines aux dépens des Grecs qui ne possédaient plus dans l'Italie méridionale en 774 que la Calabre, la Terre d'Otrante et le duché de Naples. Le duché de Bénévent, presque aussi étendu que le royaume lombard, était le plus puissant et le plus indépendant des trois grands duchés. Sans doute, les rois réussirent à faire respecter leur droit d'investiture et de destitution en cas de révolte, mais à Bénévent comme à Spolète le roi ne nomme le duc qu'en cas de deshérence [3]. En temps ordinaire les ducs se transmettent le pouvoir de père en fils [4]. On peut même dire qu'à ce point de vue le duché de Bénévent possède une autonomie complète. Les chroniqueurs prennent l'habitude d'appeler ses habitants, *Samnitum populus, Beneventanorum populus*, et ils remarquent que les Béněventins se montrèrent toujours très attachés et très fidèles à leurs ducs [5]. Non-seulement le duc de Bénévent tient des plaids, parle de son palais, de ses *Judices*, de ses *Curtes*, de ses *Gastaldes;* mais il a de hauts

1. Troya : *Codice diplomat. longob.* n° 641 et 703, IV, pages 371 et 619.
2. Paul Diacre : III, 32; p. 112 — III, 33 : *Fuit autem primus Langobardorum dux in Benevento nomine Zotto, qui in ea principatus est per curricula viginti annorum.* Remarquer l'expression *principatus est*, que Paul Diacre n'emploie jamais pour désigner le pouvoir des autres ducs Lombards.
3. Paul Diacre : IV, 18; p. 122 — V, 16; p. 151.
4. Paul Diacre : IV, 16; p. 122 — IV, 43; p. 134 — IV, 44; pp. 134-135 — IV, 46; p. 135 — IV, 50 et 51; p. 137-138 — VI, 2; p. 164 — VI, 30; p. 175 .. etc.
5. Paul Diacre VI, 39; p. 178 — VI, 57; p. 185 — VI, 55; p. 184 « *Beneventanorum populus, qui suis ductoribus semper fidelis extitit...* »

fonctionnaires, comme le roi, des *Stolesaiz* et des *Marpahis*[1]. Il publie même des *Capitulaires*[2].

Pour achever de se rendre indépendants, les ducs de Spolète et de Bénévent ne craignirent pas de s'allier avec la papauté. Vaincus une première fois par Liutprand[3], ils s'unirent encore avec le pape contre Didier[4], et attirèrent sur eux les armes de ce prince[5]. Les efforts de la royauté furent vains. Des ducs que Didier établit à Spolète et à Bénévent, l'un, celui de Spolète, fut chassé par les habitants et remplacé par Hildebrand, partisan du Pape[6]; l'autre, Arichis de Bénévent, se tourna immédiatement contre le roi et sa trahison affermit son pouvoir.

Maintenant que nous avons constaté les différences qui existaient entre les institutions franques et les institutions lombardes, il nous est possible d'expliquer la facilité et la durée de la conquête de l'Italie par Charlemagne.

L'Italie en 774 n'est pas tout entière encore aux mains des Lombards. Les Grecs en ont conservé des fragments importants, et les Lombards ne peuvent les leur enlever sans s'attirer la haine des papes qui ne veulent pas être étouffés par la monarchie lombarde. A l'intérieur de l'État lombard existent de nombreuses causes de division. Trois grands duchés ont pris une réelle autonomie; leurs ducs aspirent à l'indépendance et ne craignent pas de s'allier avec la papauté contre le roi. Dans la Lombardie royale, la fusion entre les anciens et les nouveaux habitants n'est consommée que depuis peu de temps; les Romains n'ont pas perdu le souvenir de la conquête violente de l'Italie par les Lombards. Le clergé ne semble pas favorable à Didier, à cause de sa lutte contre le

1. Troya : *Codic. dipl. long.*, nos 548, 779; IV, p. 85; V. p. 167.
2. Tome IV des *Leges* de Pertz.
3. Paul Diacre : VI, 55. Éd. Waitz. p. 184. — *Vitæ Gregorii II et Zachariæ* tome III, pages 407 et 426, du *Liber Pontificalis*. Éd. Duchesne. — Lettre de Grégoire III, dans les *Monumenta Carolina* de Jaffé (lettre 2, page 17).
4. Lettre d'Étienne II dans Jaffé, *op. cit.* (lettre 11, page 65).
5. Lettre de Paul Ier, *ibidem* (lettre 17, p. 79).
6. Vita Hadriani dans le *Liber Pontificalis*. Éd. Duchesne; tome III, pp. 495-496.

pape ; il jouit d'ailleurs de privilèges moins étendus que le clergé franc, et il est naturel qu'il soit bien disposé en faveur de Charlemagne qui ne lui laissera rien à désirer à cet égard. De là de nombreuses légendes qui nous montrent les clercs prenant une part active à la conquête de l'Italie par les Francs. Citons les deux principales, celle du diacre Martin que l'archevêque de Ravenne aurait envoyé en Gaule pour diriger la marche des envahisseurs [1], et celle du clerc Pétrus qui aurait livré Vérone à Charlemagne en 776 et qui aurait été récompensé de sa trahison par l'épiscopat de Verdun [2]. Enfin, les ducs de la Lombardie royale, mis à la raison par Liutprand et privés d'une partie de leurs prérogatives, n'en restent pas moins turbulents. Il y avait parmi eux un fort parti de mécontents, hostiles à l'élévation au trône du toscan Didier. Leur chef était le beau-frère de Ratchis et d'Aistulph, Anselme, fondateur du couvent de Nonantola. Irrité de ce que Didier avait empêché Ratchis de reprendre la couronne à la mort d'Aistulph, Anselme se montra toujours hostile au nouveau roi. Exilé pendant sept ans [3], il rentra en grâce et se retira au Mont-Cassin [4]. Mais il garda toujours une grande influence sur le couvent de Nonantola dont il était abbé, et qui comptait mille cent quarante-quatre moines, sans parler des novices [5]. Les partisans d'Anselme étaient nombreux. L'anonyme de Salerne nous raconte que plusieurs nobles lombards avaient invité Charlemagne à venir en Italie avec une forte armée, lui promettant de lui livrer Didier et ses trésors [6]. Nous avons d'ailleurs conservé une charte dans laquelle Didier et son fils Adelchis confisquent les biens de plusieurs Lombards qui se sont révoltés et enfuis en Gaule [7].

1. Agnellus, *Liber pontificalis Ecclesiæ Ravennatis*, dans les *Script. rerum Langob*; Éd. Waitz, p. 381, chap. 160.
2. *Chronicon Hugonis Flaviniaci* (dans Pertz, *Scriptores*, VIII, p. 351). *Gesta Episcoporum Virdunensium* (*ibidem*, IV, p. 44).
3. Muratori, *Antiquitates Italicæ*, IV, p. 944.
4. Tiraboschi, *Storia della badia... di Nonantola*, II, p. 72.
5. Mabillon, *Annal. Benedict.* II, p. 157.
6. Muratori, *Scriptores rerum Italicarum*, II, B, p. 180.
7. Troya, *Codice dipl. Long.* n° 668, tome V, p. 715 : « *Concedimus etenim in*

Sans doute il faut attribuer la solidité de la conquête franque à la persévérance de Charlemagne. Quand Didier se fut réfugié dans Pavie, Charlemagne, au lieu de faire rentrer son armée en Gaule, au moment de l'hiver, comme c'était l'usage chez les Francs, fit dresser un camp autour de la ville et tint Didier bloqué jusqu'à ce qu'il se fût rendu. Mais il dut aussi ce succès au soulèvement des habitants qui massacrèrent le vieil aquitain Hunald, partisan de la résistance. De même, à Vérone, Adelchis fut chassé de la ville par les habitants qui ouvrirent leurs portes à Charlemagne.

Rappelons-nous d'ailleurs le mode de transmission du pouvoir dans le royaume lombard. Nous avons vu que l'ancienne race royale avait disparu en la personne d'Alboin, et que, depuis lors, en dépit des efforts des rois pour faire respecter le principe d'hérédité, le trône avait appartenu le plus souvent à celui des ducs qui s'était montré le plus violent ou le plus habile. Les Lombards avaient même eu des rois de race étrangère. Le duc de Turin, Agilulf, qui devint roi par son mariage avec la veuve d'Autharis, Théodelinde, était un Thuringien de la famille des Anawat [1]. Gondobald, frère de Théodelinde, après avoir été duc d'Asti [2], devint la tige d'une famille bavaroise qui occupa quelque temps le trône [3]. Les Lombards étant habitués à obéir à des princes étrangers, la conquête franque ne pouvait leur être odieuse, pourvu qu'on leur laissât leurs biens et leurs dignités.

Or, aucun texte ne nous autorise à croire que la chute de

ipso domini Salvatoris monasterio omnes res vel familias Augino, qui in Francia fuga lapsus est, et omnes curtes vel singula territoria atque familia, que fuerunt Sesenno, Radaoldi, Stabili, Coardi, Ansaheli, Gotefrid et Teodori vel de alii consentientes eorum, quam ipsi pro suo perdiderunt infedelitate et potestate palatii nostri devenierunt... »

1. Edictum Rotharis, Prologus : « *Agilulf Turingus ex genere Anawat.* » — *Origo gentis Langob.* c. 6 (dans les *Script. rer. Lang*; Ed. Waitz, p. 5). « *Et exivit Acquo dux Turingus de Thaurinis, et junxit se Theudelendæ reginæ, et factus est rex Langobardorum* ».

2. *Origo gent. Lang.* c. 6; p. 5. « *Et venit cum Theudelenda frater ipsius nomine Gundoald, et ordinavit eum Autari rex ducem in civitatem Astense* ».

3. Paul Diacre : IV, 48; p. 136 : « *Huic successit in regni regimine Aripert, filius Gundoaldi, qui fuerat germanus Theudelindæ reginæ* ».

Didier en 774 fut suivie de la spoliation des vaincus. *Les Petites Annales de Lorsch* disent que Charlemagne distribua à son armée les trésors des rois Lombards, qu'il avait trouvés à Pavie [1]. Ce fait semble prouvé par une lettre du roi anglo-saxon Cathulf à Charlemagne [2]. Une charte du 16 juillet 774 mentionne une donation importante faite par le roi franc en faveur de Saint-Martin de Tours [3]. Charlemagne donne à cette illustre église la péninsule de Sermione sur le lac de Garde. ainsi que les *Curtes* de Peschiera et de Lonato, qui avaient appartenu au *publicum* et au palais du roi : en outre, la donation comprend tous les droits du fisc et du roi dans le Val Camonica, depuis les frontières de Brescia et de Bergame jusqu'à celles de Trente; enfin, l'hospice de Sancta-Maria près Pavie, avec toutes ses dépendances. Mais il faut remarquer que ces donations sont faites exclusivement sur les biens royaux et non sur les biens des particuliers. Le *Libellus de imperatoria potestate in urbe Roma* dit même que Charlemagne pendant sa marche en Italie, distribua des dons à quelques-uns des compagnons de Didier et promit d'en donner aux autres [4]. Ainsi donc aucun texte ne parle de confiscations opérées sur les Lombards en 774.

Charlemagne leur enleva-t-il leurs dignités? Cela ne paraît pas prouvé non plus. *Les Annales de Petau* disent bien que Charlemagne envoya alors des comtes dans toute l'Italie, mais que ce fut pour rendre au Pape les biens et les droits dont en ajoutant il avait été dépouillé par Didier dans les diverses *Civitates* [5]. Éginhard atteste que des comtes furent envoyés dans ce but en Italie [6]. On peut donc affirmer qu'en 774, Char-

1. *Annales Laur. minores*, 774.
2. *Monumenta Carolina* de Jaffé, p. 337.
3. Dom Bouquet, V. p. 724. — Sickel : *Acta Carolina* II, 23-235.
4. Il est bien clair que le *Libellus de imperatoria potestate* ne nous inspire guère de confiance pour cette période de l'histoire. Nous ne le citons que par surcroît.
5. Annales Petaviani (dans Pertz. *Scriptores*, I, p. 16) « *Domnus rex Carolus, missis comitibus per omniam Italiam, lætus Sancto Petro reddidit civitates* ».
6. Éginhard, *Vita Caroli*, c. 6 (*Monum. Carol.* de Jaffé, p. 515). « *Karlus vero*

lemagne n'a pas remplacé les ducs et les gastaldes lombards par des comtes francs. Bien loin de vouloir faire peser une tyrannie quelconque sur les Lombards, il ne songe même pas à *annexer* leur royaume au sien [1]; il se contente d'ajouter à ses titres de *Rex Francorum* et *Patricius Romanorum*, celui de *Rex Langobardorum* qu'il porte déjà dans la charte du 16 juillet 774 que nous avons mentionnée. Ainsi s'explique le jugement favorable porté sur la conquête franque par le Lombard Paul Diacre, qui était pourtant resté fidèle à Didier après sa chûte [2].

Deux ans plus tard, cependant, éclate une révolte contre Charlemagne. Faut-il voir dans ce fait le désir des Lombards de secouer le joug franc et de rétablir le fils de Didier, Adelchis? L'étude attentive des textes ne permet pas une supposition semblable. Nous connaissons l'histoire de la révolte de 776 par les Annales franques et italiennes et par les Lettres du pape Adrien. Mais cette histoire nous apparaît sous un jour très différent, suivant que nous consultons les Lettres du pape ou les Annales.

Voyons d'abord comment Adrien la raconte. Le 27 octobre 775, Adrien reçoit une lettre du patriarche du Grado, mais les sceaux de la lettre avaient été rompus, parce que l'archevêque Léon de Ravenne l'avait prise à l'envoyé et l'avait ouverte. La lettre renfermait des révélations si graves que le pape, sans prendre le temps de boire ni de manger, écrivit aussitôt à Charlemagne de venir en Italie [3]. Quelle était la nature de ces révélations? Adrien l'explique à Charlemagne

post irchoatum a se bellum non prius destitit, quam et Desiderium regem... in deditionem susciperet, ... omnia Romanis erepta restitueret). — Cfr. Lettre d'Adrien à Charlemagne (Jaffé. N° 56, p. 185, au bas de la page). — Voir en sens contraire Simson-Abel : *Jahrbuch d. Karl. d. Gros.* Tome I, pp. 91-92.

1. Plus tard, en 781, Charlemagne devait couronner roi d'Italie son fils Pépin, et assurer ainsi à l'ancien royaume lombard une autonomie sérieuse.

2. Paul Diacre : *Gesta episcoporum Mettensium* (Pertz. *Scriptores*, II, p. 265) « *Langobardam gentem universam sine gravi prælio suæ subdidit ditioni, et quod raro fieri adsolet, clementi moderatione victoriam temperavit* ».

3. Lettre d'Adrien dans les *Monumenta Carolina* de Jaffé (lettre 55, pp. 182-183).

dans plusieurs lettres. Il lui apprend que les quatre ducs, Arichis de Bénévent, Hildebrand de Spolète, Rothgaud de Frioul et Reginald de Chiusi, se sont entendus pour former une ligue contre le pape. Les hostilités doivent commencer au mois de mars 776. A ce moment, unis avec les hordes grecques et avec le fils de Didier, Adelchis, les ducs se précipiteront sur les états du pape, afin de s'emparer de Rome, d'emmener le Pape en captivité, de rétablir le roi des Lombards et de résister à la puissance royale de Charlemagne [1]. Pour le pape, une révolte générale se prépare donc, révolte dirigée par les ducs avec l'aide des Grecs, non seulement pour abattre la puissance de pape, mais pour rétablir Adelchis sur le trône de son père,

Dans les Annales franques, la révolte de 776 a bien moins d'importance. 1° Elles ne disent pas un mot d'Adelchis. Les *Annales d'Éginhard* affirment, comme Paul Diacre dans l'*Épitaphe de la reine Ansa*, que les Lombards avaient mis tout leur espoir dans Adelchis [2]. Mais l'annaliste écrit cela en 774, au moment où le fils de Didier vient d'être chassé de Vérone, et non en 776. Depuis ce moment, il n'est plus question d'Adelchis dans les Annales. Elles disent, une fois pour toutes, en 774, qu'Adelchis, désespérant de rétablir son autorité sur les Lombards, abandonna l'Italie et passa le reste de sa vie à Constantinople avec le titre de Patrice [3]. L'historien de l'Église de Ravenne, Agnellus, nous montre le roi lombard, s'enfuyant une première fois en Épire, puis revenant à Sa-

1. Lettre d'Adrien dans les *Monumenta Carolina* de Jaffé (lettre 58, p. 192). Cfr. Lettre 60, p. 196-7 pour la participation de Reginald à la révolte; Lettre 56, pp. 187-188 sur les projets ambitieux de l'archevêque Léon de Ravenne.

2. Annales d'Éginhard 774. « Adalgisus..., in quo Langobardi multum spei habere videbantur... » — Paul Diacre : *Épitaphe de la reine Ansa*, vers 9-11 :

Protulit hæc nobis, regni qui sceptra teneret,
Adelgis magnum formaque animoque potentem,
In quo per Christum Bardis spes maxima mansit.

(*Poetæ latini ævi. Carolini*. Ed. Dummler, I, p. 45-46).

3. Annales d'Éginhard, 774. « *Adelgisus..., desperatis patriæ rebus, relicta Italia, in Græciam ad Constantinum imperatorem se contulit; ibique patriciatus ordine atque honore consenuit.* »

lerne pour s'enfuir définitivement auprès de la cour de Byzance [1]; — 2° Les Annales franques ne disent rien non plus de la participation de l'Empire d'Orient à la révolte de 776, pas plus que de celle des ducs de Spolète et de Bénévent. Ce silence paraît singulier et donne des soupçons sur l'exactitude des rapports d'Adrien. Le pape, par peur ou par intérêt, a dû exagérer l'importance de la révolte. Depuis 774, Adrien a vu se tourner contre lui l'archevêque Léon de Ravenne et Hildebrand de Spolète. Arichis de Bénévent lui donnait aussi des inquiétudes. Aussi le pape avait envoyé plusieurs ambassades à Charlemagne pour le prier de venir en Italie [2]. N'ayant pas réussi jusqu'alors à décider le roi franc à quitter la Saxe en pleine insurrection, il a peut-être employé ce moyen pour réussir.

En tout cas, si l'on s'en tient au récit des Annales franques, la révolte de 776 se réduit à une tentative de Rothgaud, duc de Frioul, pour s'emparer de la royauté, et non pour rétablir Adelchis. Nous avons vu qu'avant la conquête franque, la mort de chaque roi lombard était le signal de troubles sanglants. Les ducs se révoltaient et cherchaient à s'emparer du trône. Parmi eux, les ducs de Frioul se faisaient remarquer par leur ambition. Rothgaud se conduisit à l'égard de Charlemagne comme ses prédécesseurs s'étaient conduits à l'égard des rois lombards. André de Bergame [3] raconte qu'après la chûte de Didier, Rothgaud duc de Frioul et Gaido, duc de Vicence, voulurent s'opposer à l'entrée des Francs dans leurs duchés. Mais après avoir vaincu un détachement ennemi, ils se ravisèrent et consentirent à prêter serment de fidélité à Charlemagne qui les maintint dans

1. Agnelli, *Liber pontificalis Ecclesiae Ravennatis*, c. 160 (*Script rer. Lang.*; éd. Waitz, p. 381) : « *Adelgisus... una cum exercitu suo ante eum terga dedit et in partes Chaonides fugit, et per aliquantos dies Salerno commoratus, exinde cum Karolus Romam venisset, timidus cum suis aliquantis fidelibus Constantinopolim perrexit.* »

2. Lettres d'Adrien dans les *Monum. Carol.* de Jaffé (n°s 51, 53, 56, 57 ; pages 170 et suiv., 176-179, 185 et suiv., 189 et suiv.).

3. Andreae Bergomatis Historia dans les *Script. rerum Lang.*. Ed. Waitz. ch, 4 ; p. 224.

leur charge. La chronique d'André de Bergame est remplie d'inexactitudes historiques et chronologiques, nous ne le contestons pas. Mais elle paraît bien informée pour le fait qui nous occupe. En effet, les *Annales d'Éginhard* disent que Charlemagne avait donné Rothgaud comme duc aux habitants du Frioul [1]; et les *Annales de Lorsch* [2] accusent Rothgaud d'avoir trahi sa foi à Charlemagne et rompu ses serments. Voilà donc un premier point établi : Rothgaud a été confirmé par Charlemagne dans sa charge de duc, il est devenu un fonctionnaire franc. Ceci confirme ce que nous avons montré plus haut, Charlemagne n'enleva pas aux Lombards leurs dignités, mais leur donna une nouvelle investiture.

Quant au but de la révolte, les Annalistes sont tous d'accord pour la représenter comme une tentative d'usurpation de la couronne par Rothgaud. Les *Annales d'Éginhard* accusent le duc de Frioul de « *res novas moliri in Italiâ* », d' « *affectare regnum* », et elles avouent « *jam complures ad eum civitates defecisse* [3]. Les *Petites Annales de Lorsch* nous montrent « *Ruotgauzum tyrannidem molientem* [4], et les *Grandes Annales de Lorsch* nous disent qu'il voulut non pas soulever le Frioul seul mais « *Italiam rebellare* [5] ». Ces textes nous semblent décisifs : ils prouvent bien que Rothgaud fut poussé par un mobile d'ambition personnelle. Dès lors le silence des Annales au sujet des autres ducs, d'Adelchis et des Grecs se comprend : ni les uns ni les autres n'avaient intérêt à soutenir la cause de Rothgaud dont le succès leur eut été aussi préjudiciable que le maintien de la domination franque.

Le caractère de la révolte de Rothgaud explique aussi les

1. Annales d'Éginhard. 776 « *Rotgaudum, quem Forojuliensibus ducem dederat.*
2. Annales de Lorsch., 775 : « *Tunc audiens Rotgaudus langobardus fraudavit fidem suam, et omnia sacramenta rumpens...* »
3. Annales d'Éginhard, 776.
4. Annales Lauris. minores, 776.
5. Annales de Lorsch, 775.

mesures de rigueur prises par Charlemagne pour la réprimer. Le roi franc, tout en laissant aux vaincus leurs biens et leurs dignités, ne pouvait admettre que l'on contestât son autorité en Italie. Un exemple était nécessaire pour empêcher le retour d'une tentative semblable. Dès que Charlemagne apprend que Rothgaud a pris les armes contre lui, il descend en Italie, surprend et bat le rebelle qui périt dans le combat. Il place des comtes francs dans les villes qui avaient fait défection [1] et confisque les biens des partisans de Rothgaud. Citons parmi les chartes de confiscation, celle qui donne à Paulin d'Aquilée les biens de Galdand, fils d'Immo de Laberiano, qui a été tué avec Rothgaud sur le champ de bataille (*in campo*) [2]. Cette charte, disons-le en passant, prouve que Rothgaud n'a pas été décapité par l'ordre de Charlemagne comme le disent certaines Annales [3], mais qu'il a péri dans le combat. En outre Charlemagne exila en France deux cents Lombards, pris parmi les plus nobles et les plus rebelles, et il confisqua leurs biens. L'authenticité de cette mesure n'est pas contestable : elle est indiquée dans de nombreuses Annales, et il y est fait allusion dans un *Capitulaire* de Pépin [4]. Mais les Annalistes ne s'entendent pas sur la date. André de Bergame [5] place cette mesure en 781, après le couronnement de Pépin comme roi d'Italie. Mais, sans s'arrêter sur cette singulière façon d'inaugurer un règne, la chronologie d'André de Bergame n'est qu'un tissu d'inexactitudes. D'après les *Annales Guelferbytani* [6] et *Naza-*

1. Annales d'Éginhard, 776 : « *civitatibus quae ad eum defecerant sine dilatione receptis, et in eis Francorum comitibus constitutis.* » Annales de Lorsch, 776. « *et disposuit eas (civitates) omnes per Francos.*

2. Dom Bouquet : V. p. 737. — Sickel : *Acta Carolina*, II, nº 74, p. 236. Nº 79. p. 236.

3. Annales Mettenses (Dom Bouquet V. p. 342).

4. Voir plus loin.

5. André de Bergame, c. 5 (*Script. rer. Lang.* Ed. Waitz, p. 224) : « *Deinde terra pacificata et sacramenta data, Pipinus, suus filius, regendum Italia concessit; ipse Karolus post aliquantum tempus Francia reversus est, obsides quoque ducentes secum, quicquid Italia majores nati el nobiliores erant.* »

6. Annales Guelferbytani. 787 (Pertz 1, p. 43) « *Karolus de Roma revertens ad Paveia, et exinde duxit Langobardos nobilissimos et exiliavit eos in Fran-*

riani, l'exil des Lombards eut lieu en 787. Boretius admet cette date et s'en autorise pour placer en 787 le *Capitulare Papiense* de Pépin qui règle le sort des femmes de ces Lombards[1], procédé peu critique et qui donne des soupçons sur la valeur de l'ordre adopté par Boretius pour les Capitulaires italiens. En effet, d'autres textes prouvent que l'exil des Lombards fut prononcé en 776 et non en 787. Nous ne citons que pour mémoire les *Annales Maximiani* qui donnent la date de 776[2], mais qui n'ont pas plus de valeur que les *Annales Guelferbytani* et *Nazariani* pour l'histoire de l'Italie à cette époque. Nous invoquons en faveur de notre opinion, qui est celle de Bethmann-Hollweg[3], un texte de Paul Diacre. Parmi les exilés se trouvait le frère de cet historien, Arichis. Or, la pièce de vers adressée en 782 par Paul Diacre à Charlemagne[4] pour le supplier de faire grâce à son frère renferme le passage suivant :

Septimus annus adest; ex quo nova causa dolores
Multiplices generat et mea corda quatit.
Captivus vestris extunc germanus in oris.
Est meus, afflicto pectore, nudus, egens...

Il n'y a donc pas de doute possible, c'est bien en 776 que Charles exila ces deux cents Lombards et confisqua leurs

ciam. » — Annales Nazariani 787. *Carolus de Roma revertens, ad Parcia civitatem Langobardos congregavit, et ex[illegible] fraudelentissimos eorum in Franciam exiliavit.* »

1. Boretius : *Capitularia regum Francorum* (Capit. 94. Introduction p. 198) « Pippini hoc capitulare paulo post Karoli iter italicum quartum (a. 786-787) datum esse, collegendum esse censeo collatis sequentis capitis decimi verbis : « *Feminae quarum mariti in Francia esse videntur* » cum iis quae in annalibus (*Mon. Germ. Script.*, I, p. 43) ad a. 787 referuntur : *Karolus revertens ad Parciam exinde duxit Langobardos nobilissimos et exiliavit eos in Francia.* »

2. *Annales Maximiani* 776 (Pertz XIII p. 21) « *Multi ex Langobardis foras ducti multaque per loca expulsi sunt.* »

3. Bethmann-Hollweg, *Archiv.* X, p. 260. Simson, Richter, Dummler se sont ralliés aussi à l'opinion de Bethmann Hollweg.

4. Item versus Pauli ad regem precando (*Script. rer. Lang.* Ed. Waitz, p. 75). — Cfr. Epistola Pauli ad Theudemarem abbatem Casinensem (*Ibidem*, p. 16).

biens. Cette mesure était fort dure. Paul Diacre se plaint de ce que la femme de son frère erre en Italie, mendiant quelques secours [1]. Ses prières éloquentes touchèrent Charlemagne. Il ne consentit que plus tard à renvoyer les exilés en Italie, mais il ordonna à son fils Pépin de s'enquérir sur la situation de leurs femmes, et de veiller à ce qu'elles n'eussent pas à souffrir d'injustices [2]. Charlemagne finit même par accorder son pardon aux exilés. Il les autorisa à retourner chez eux et leur rendit leurs biens. Ce fait nous est attesté par une charte de 808. Dans cette charte, Charlemagne confirme à l'un de ces Lombards, Manfred de Reggio, la possession de tous les biens qu'il lui avait rendus lors de son retour en Italie [3]. Ce n'est donc pas en 808 que Charlemagne prit cette mesure de clémence, mais quelque temps auparavant. Quant à la date précise, on ne peut la donner avec certitude. André de Bergame dit que ce fut « *post non multum tempus* [4] », mais comme il donne une date fausse pour le commencement de l'exil, son affirmation déjà fort vague ne peut rien nous apprendre.

Quoi qu'il en soit, Rothgaud n'eut pas d'imitateurs. La révolte de 776 fut la seule dans l'Italie septentrionale. Le Frioul, gouverné par un duc franc, ne bougea plus ; et la Lombardie royale ne montra pas plus de velléités d'indépendance qu'elle n'en avait montrées en 776. Les Lombards, réconciliés avec

1. *Item versus Pauli ad regem precando (Ibidem*, p. 15).

« Illius in patria conjux miseranda per omnes
Mendicat plateas ore tremente cibos ».

2. Pippini Capitulare Papiense, C. 10. (Boretius, p. 199). « *Placuit nobis de illis feminis quarum mariti in Francia esse videntur, ut missi nostri per regnum nostrum hoc debeant inquirere, si eorum justitias sic pleniter habeant, sicut fuit jussio domini nostri* ».

3. Muratori (*Ant. Ital.*, III, p. 781-782) : « *Regnum Langobardorum adquesivimus et pro credendis aliquos Langobardos foras patriam in Francia ductos habuimus, quos in postmodum ad deprecationem dilecti filii nostri Pippini gloriosi regis ad patriam remisimus, et eorum legitimam hereditatem quam habuimus in scripto (fisco?) revocatam, reddere aliquibus jussimus.* »

4. André de Bergame, c. 5 (éd. Waitz, p. 224) : « *Post non multum tempus ab eodem Carolus meruerunt, et honorati sunt ab ipso, ad suam reversi sunt patria.* »

la conquête franque [1], se disputent les faveurs de Charlemagne. Sans doute quelques-uns d'entre eux gardèrent au fond du cœur le souvenir de leurs princes. Parmi eux il faut citer Paul Diacre, qui, malgré toute l'estime de Charlemagne, conserva toujours un amour profond pour son pays natal. Il resta fidèle de cœur à Didier [2] et fut uni par les liens d'une sincère amitié avec Arichis de Bénévent et sa femme Adalberge [3]. Pendant son séjour en Gaule, il ne pouvait détacher sa pensée de l'Italie qu'il brûlait de revoir [4]. Il finit par y retourner et mourut au monastère du Mont Cassin. Mais Paul Diacre est une exception. Beaucoup de Lombards se rallièrent franchement au nouvel ordre de choses dont ils devinrent les chauds partisans. Nous en avons une preuve dans les éloges enthousiastes prodigués à Charlemagne par l'auteur de l'*Historia Langobardorum codice Gothano* [5], qui était un clerc lombard contemporain de l'empereur [6]. Les Lombards, sont admis à la cour de Charlemagne ; quelques-uns sont récompensés de leurs services par des dons et des charges. Paulin d'Aquilée reçoit les biens d'un des partisans de Rothgaud [7]. Fardulf découvre la conspiration de Pépin le bossu, et obtient en récompense l'abbaye de Saint-Denis [8]. Le patriarche du Grado, Fortunat, soutient la politique franque contre les Vénitiens et reçoit de nombreux privilèges [9]. En

1. Charlemagne leur laissa aussi leurs lois, mais nous n'insistons pas sur cette question, nous réservant de la traiter en détail dans une autre étude.
2. Épitaphe de la reine Ansa. Vers. 15-16, (*op. cit.*, p. 46.)
3. Lettre à Adalberge (*Monum. Germ. auctores antiquissimi*, II, 4 ; p. 1-2.) — Épitaphe d'Arichis (*P. L. æv. Carol.*; éd. Dümmler, I, p. 67-68.)
4. Lettre à Theudmar (*Script. rer. Lang.*; éd. Waitz, p. 16.)
5. *Script. rerum Lang*; éd. Waitz, p. 10-11. — Chap. 9 : « *Hic finitum est regnum Langobardorum, et incoavit regnum Italiæ per glorissimum Carolum regem Francorum... Nam nulli lucri cupiditas peragrare, sed bono pius et misericors factus est adjuvator*; *et sicut poterat omnia demolire, factus est clemens indultor. Et paternæ patriæ leges Langobardis misertus concessit, ...et innumerabilibus viris, qui eidem culparunt incessanter, culpas dimisit. Pro quod illi omnipotens Deus centies multiplicavit ubertates* ».
6. Bethmann-Hollweg : *Archiv.*, XI, p. 365.
7. Dom Bouquet, V. p. 737.
8. Annales d'Éginhard, 792.
9. André Dandolo (Muratori, *Script.* XII, p. 152-153, 155, 157). — Sickel, *Regest. Carolina*, nos 188 et 189.

813, Pierre, abbé de Nonantola, est envoyé en ambassade à Constantinople [1]. Le lombard Aio, qui s'était enfui chez les Avares, rentre en grâce en 799. Il recouvre ses biens, est nommé comte et va comme *missus* de l'Empereur organiser l'Histrie [2]. Enfin Charlemagne est en relations intimes avec l'archevêque de Milan, Odilbert, auquel il demande souvent conseil [3].

Ces faits, en apparence isolés, ont une grande valeur à cause de la pénurie de documents sur cette époque. Ils nous prouvent la solidité de la conquête franque dans l'Italie septentrionale pendant tout le règne de Charlemagne.

1. Tiraboschi *(op. cit.*, II, p. 38, nº 20.)
2. Muhlbacher : *Mittheilung. d. Instituts für Œsterrei. Geschichtfors*, I, p. 279-280. — Cité par Waitz, *D. V.*, III, p. 405-409.
3. *Capitulaires*, éd. Boretius. Pages 246-247.

AUGUSTIN BREYTON

AGRÉGÉ D'HISTOIRE

ÉLÈVE DE LA FACULTÉ DES LETTRES DE LYON.

TABLE DES MATIÈRES

LE PUY. — IMPRIMERIE MARCHESSOU FILS

www.ingramcontent.com/pod-product-compliance
Lightning Source LLC
Chambersburg PA
CBHW072101080426
42733CB00010B/2177